エレベーター

建設会社で経理事務をしているH美さんは、駅から歩いて十分ほどのところにある、九階建てマンションの六階に住んでいる。

ある夜、H美さんは学生時代の友人と飲んで、普段よりも遅い時間にマンションに帰ってきた。

エレベーターは二台とも、最上階に停まっている。

どちらか一台は一階に停まっていることが多いので、珍しいな、と思いながらボタンを押すと、向かって右側のエレベーターが降りはじめた。

このマンションは、エレベーターの内部にカメラがついていて、一階のモニターでエレベーターを待ちながら、その映像を確認することができる。

扉の上のモニターに目をやると、自分と同年代くらいの女の人が乗っていた。

アルコールで回転のにぶった頭で、きっと九階の人だな、こんな時間にどこにいくんだろう、とぼんやり考えていると、ゴミ袋を手にした普段着姿の女の人が乗ってきた。

ゴミ捨てか……そうだ、次の資源ごみの日には忘れないように出さないと……。

さらに、背広を着た男の人と、ランドセルを背負って黄色い帽子をかぶった男の子が一緒に乗ってきた。

お父さんはいまから仕事かな。小学生もこんな遅くまで大変だな……。

小学生？

一気に酔いが醒めて、H美さんはエレベーターの階数表示をたしかめた。

どういうわけか、まだ七階も通過していない。いくらなんでも遅すぎる。

それに、エレベーターに乗っている人の顔ぶれがおかしかった。

まるで、ごく普通の朝の風景だ。

エレベーターには、さらに人が増えていった。制服を着た女の子がスマホをいじり、小柄なおばあさんがにこにこしながら、男の子に話しかけている。

そして、満員のまま、あと少しで一階に到着するというところで、乗客がいっせいに目を見開いて、カメラを——H美さんの方を見た。

H美さんはエレベーターが到着して扉が開く直前、とっさに背を向けてH美さんは、マンションを出ると、近くのコンビニに駆け込んだ。

明日も仕事なので、いつまでもこうしているわけにはいかないが、エレベーターを使わずに階段で六階まで上がるのも、暗くて怖い。

三十分ほどしてからマンションに戻ると、ちょうど一階に無人のエレベーターが停まっていたので、おそるおそる乗り込んで六階のボタンを押した。

エレベーターが動きだした途端、背後に人の気配がした。

自分ひとりしか乗っていないはずなのに、後ろがすし詰めになっているような空気を感じる。

操作盤の銀色の部分に、人の顔らしきものがちらちらと映るのを無視して、六階に到着すると、あとも見ずに飛び出した。

このマンションに住んで二年近くになるが、モニターに映っていたのは、全員見たことのない人だったそうだ。

歩道橋

ある梅雨《つゆ》の日の話。

ぼそぼそと降る雨の中、傘をさして歩道橋を歩いていたPさんは、

「どいてどいてどいてどいて！」

悲鳴のような声に、顔を上げて目を疑った。

人がようやくすれ違えるほどの狭い通路を、真っ赤な自転車がすごい勢いで走って来るのだ。

びっくりして、体を端に寄せると、自転車はぶんと風を切って目の前を通り過ぎていった。

え？　歩道橋に自転車？　ここって階段しかなかったよね？

ようやく疑問に思って振り返ると、自転車はおろか、人ひとり歩いていない。

自転車はごく普通のママチャリで、前かごにはいっぱいにふくらんだスーパーのビニール袋が入っていた。

袋に牛乳やバナナが入っていたのは覚えているのに、乗っていた人については、女性だったということ以外、顔だちも服装も、まったく思い出せなかったということだ。

忍者

主婦のMさんが、四歳になる息子と二人、家の近くにある大きな川の河川敷を散歩していた時のこと。

息子が川の方を見ながら、「忍者さんは？」と何度も聞いてくる。

聞けば、この川には「忍者さんが出る」らしい。

出るという言い方がおかしくて、Mさんは笑った。

それではまるで、幽霊か妖怪みたいだ。

息子は、自分の主張を笑われたと思ったのか、「ほんとに出るんだよ」と繰り返す。

息子によると、出るのは「真っ黒な忍者さん」で「めっちゃ足が早い」のだそうだ。

少し前に図書館で、黒装束に身を包んだ忍者が活躍する絵本を借りて、読み聞かせたことがあったので、おそらくその影響だろう。

そういえば、以前この河川敷で、全身黒いジャージに黒いマスク、黒いキャップをかぶり、サングラスをかけてジョギングしている人を見かけたことがある。

きっと、その人のことだろうと思いながら、

「今日はいないねえ」

と言うと、息子は悔しそうに口をとがらせた。


それから数日後。

川の対岸に向かって、橋を渡っていると、

「忍者さんだ」

息子が叫んで、欄干にとびついた。

「どこ?」

誰かがジョギングしてるのかな、と思いながら、息子のとなりに並んで、Mさんはヒッと息を吸い込んだ。

川の上を、黒い煙を人の形にかためたようなものが、すべるように横切っている。

息子が手を振ると、黒い影はこちらに気づいて、手を振り返したように見えた。

Mさんは息子の手を強く引っ張ると、慌てて橋を戻った。

後日、図書館で息子に読み聞かせた絵本を見てみると、たしかに黒装束の忍者が、みずぐもと呼ばれる丸い板に両足を乗せて、水の上をすいすいと歩く様子が描かれていた。

トイレの花子さん

化粧品の販売員をしているK子さんは、小学生のころ、親の仕事の都合で転校を繰り返していた。

引っ込み思案だったK子さんは、短い期間ではまわりとなじむことができず、親しい友達ができないまま転校することもしばしばだった。

そんなK子さんが、何度目かの転校で、北海道の小学校にいた時の話。

はじめのうちこそ、珍しがって声をかけにきてくれたクラスメイトも、K子さんのそっけない――実は緊張しているだけなのだが――対応に、徐々に離れていき、みんなが連れ立って帰る中、ひとりで帰る日々が続いていた。

そんなある日のこと。

放課後、いつものようにK子さんが、ひとりで帰る準備をしていると、

「ねえ、トイレの花子さんって知ってる?」

長い髪を二つにくくって、眼鏡をかけた女の子が、声をかけてきた。

「知ってるけど……」

K子さんはうなずいた。

女子トイレにあらわれるという、女の子の姿をしたお化けの一種で、たしか、トイレのドアを三回ノックしたら出てくると言われていたはずだ。

「うちの学校の花子さんに会わせてあげよっか」

眼鏡の女の子は「おいで」と言って、教室を出ていった。

なんとなく断るタイミングを逃したK子さんがついていくと、女の子は、特別教室が集まる北校舎の女子トイレの前で足を止めた。

中に入ると、一番奥の個室のドアが閉まっている。

誰かが使ってるのかな、と思っていると、女の子はドアに向かって、

「はーなこさん」

と声をかけた。

すると、

「はーあーい」

思わず聞きほれるような、かわいらしい声が返ってきた。

K子さんは、一瞬おどろいたけど、すぐに、

(ああ、これはこういう悪戯《いたずら》なんだな)

と思った。

転校生の自分をおどろかすために、誰かが個室の中で、花子さん役をやっているのだろう。

分かってしまえば、怖くない。

だけど、ここで「誰かが中に隠れて返事をしてるんだよね」などと言ってしまえば、女の子をがっかりさせてしまうと思ったK子さんは、真剣な表情をつくって、

「え？　ほんものの花子さん？」

と聞いた。

「そうよ」

女の子は誇らしげに胸をはると、トイレに向かって、

「今日はお友達を連れて来たよ」

と言った。

「こんにちは、花子さん」

K子さんが、付き合って返事をすると、

「いこ」

女の子が、ひょいひょい、と手招きをしながら、ドアをすり抜けて、個室の中へと姿を消した。

その様子があまりにも自然だったので、K子さんは一拍置いてから、ようやく「きゃーっ!」と悲鳴をあげた。

トイレから飛び出して、廊下で震えていると、ちょうど音楽クラブに参加するために音楽室にいこうとしていた同じクラスの女子たちが、「どうしたの?」と声をかけてくれた。

K子さんから事情を聞いて、何人かがトイレの中をたしかめたけど、一番奥の個室はドアが開きっぱなしになっていて、誰もいなかったと言われた。

結局、その女の子が誰だったのかは分からなかったけど、これがきっかけでクラスの子と仲良くなることができたそうだ。

「そのうちの何人かとは、いまでも付き合いがあるんです。花子さんがつないでくれた縁ですね」

K子さんはそう言って笑った。

怪談イベント

京都の大学に通うFさんは、怪談師を目指している。

ある時、木屋町通りの小さなバーで、怪談イベントがあった。

出演料を払って有名な怪談師を呼ぶのではなく、ワンドリンクを注文すれば、誰でも舞台にあがって怪談を語っていいという、参加型のイベントだ。

もちろん、ただ聞くだけでも構わない。

Fさんは自分の腕を試してみようと、ドリンクを頼んで、舞台にあがった。

気持ちを落ち着けようと、客席を見わたしたFさんは、一番後ろに立っている女の子と目が合った。

鮮やかなイエローのニットを着てジーンズをはいた、ショートカットに眉のくっきりとした可愛い子だ。

暗い客席の中で、なぜかその女の子だけが、はっきりと浮かび上がって見えた。

目が合った時に笑ってくれたことで、少し緊張がほぐれたFさんは、簡単な自己紹介をしてから、スポットライトの当たる舞台中央の椅子に座った。

大きく息を吸い込んで語り始めたのは、出身地である滋賀県の友だちから聞いた、あるトンネルにまつわる話だった。


そのトンネルは、元々お墓があったところの真下を掘ったため、夜中の零時に通ると天井から骨が落ちてくる、という噂があった。

最近は新しい道が出来たので、トンネルのある旧道を通る車はほとんどいないらしい。

友だちが高校生の時。

先輩の運転で、夜中にそのトンネルを通ったことがあった。

車に乗っていたのは先輩と先輩の彼女、そして友だちの三人だ。

「よし、入るぞ」

先輩が、トンネルの手前で速度を落として、ゆっくりと車を走らせていると、トンネルの半ばを過ぎたあたりで、天井からひらひらと、何か白いものが落ちてきた。

「きゃあっ！　骨！」

先輩の彼女が甲高《かんだか》い悲鳴をあげる。

友だちもびっくりして飛び上がったけど、よく見ると、それは骨ではなかった。

文字が書かれた白い紙が、フロントガラスの真ん中に、ぺたりと貼り付いているのだ。

トンネルを出たところで車を停めてたしかめると、それは御札《おふだ》だった。

なにやら難しい漢字が書かれているが、ひどくにじんでしまっているため、まったく読めない。

どうやら、トンネルの天井に貼られていた御札が、何かの拍子で剥《は》がれて落ちてきたようだ。

骨が落ちてきたわけではなかったけれど、天井に御札が貼られているトンネルというのも恐ろしい。


「――結局、帰りは新しい方の道を通って帰ったそうです」

Fさんが話し終わって頭を下げると、客席で拍手が起こった。

大きな失敗もなく、無事に語り通せたことにFさんがホッとして顔を上げると、さっきの女の子もいっしょになって、手を叩いてくれていた。

締めのあいさつをして舞台を降りると、Fさんは、おかげでリラックスして話すことができましたとお礼が言いたくて女の子の姿を探した。

だけど、いくら探しても見つからない。

帰ってしまったのだろうか、と残念に思いながら、Fさんは今度は客席にまわって、人の語る怪談を楽しんだ。

イベントが終わって、Fさんが店を出ると、目の前にさっきの女の子が立っていた。

こちらを見て微笑《ほほえ》んでいる。

Fさんは声をかけようとして、言葉をのみこんだ。

女の子は、さっきFさんが舞台から見かけたときと、同じくらいの距離に立っている。

そこは、通りと並行して流れている、高瀬川《たかせがわ》の上だった。

それも、川の中ではなく、水面から一メートルほど浮いた状態で立っていた。

明らかに、生きている人間ではない。

Fさんがびっくりして立ちすくんでいると、女の子は微笑んだまま、スーッと姿を消した。

常連客

その後もFさんは、積極的に怪談イベントに参加しているが、時折客席の中に、あの女の子の姿を見かけることがある。

しかし、ほかの人に聞いても、誰も見ていないらしい。

自分に縁のある人なのかと、知り合いや親戚をいくら思い返してみても、該当しそうな人物はいなかった。

「幽霊って、長い髪に白い服のイメージがありますけど、ああいう幽霊もいるんですね」

そう言って、Fさんは笑った。

最近では、その女の子以外にも、Fさんの怪談を聞くためにイベントに来てくれるお客さんが増えているそうだ。

心霊相談

Lさんは大阪の北部にある私立大学の学生街で、もう十五年以上、占い師を続けている。

もともと大阪市内の業務機器メーカーで会社員として働いていたLさんは、社会人三年目の時に、失恋したことがきっかけで占いにはまった。

いくつもの占い師を渡り歩き、多い時には一日で、二軒も三軒もはしごする。

邪道だとは思っていたが、人によって占い方も、アドバイスの内容も違うのが面白かった。

そして、二十六歳の時、彼女は後に師匠となる水晶占いのZさんと、運命の出会いを果たす。

茶屋町《ちゃやまち》のはずれで店を構えていたZさんは、相談に来たLさんを一目見て、

「よかったら、わたしのとこで働けへん？」

とスカウトしたらしい。

Lさんは、一週間考えた末に、会社を辞めて弟子入りを決めた。

後日、どうして自分に声をかけたのかと聞くと、

「まあ、直感やな。占いは関係ない。なんとなく、自分の直感を信じたんや。あんたもそうやろ？」

と言われ、Lさんも、そういえば自分が弟子入りを決めたのも直感だったな、とうなずいた。

その後、師匠の手伝いをしながら占いの勉強を重ね、三十歳を前に、ちょうど引退を考えていた師匠の知り合いの店を受け継いで、今に至るというわけだ。

そんなLさんのところに相談に来るお客さんは、立地と、学生料金を安く設定していることもあって、大学生が多い。

Lさんが店を継いだ当初は、女性は恋愛相談、男性は進路の相談が多かったが、最近はその傾向に変化が起きている。

男女問わず、心霊関係の相談が増えているのだ。

それも、たいていは「面白半分で心霊スポットにいったけど、取り憑かれてないか占っ

て欲しい」という相談だった。

「Lさん、霊感あるんですか？」

と聞くと、

「全然」

と首を振る。

「金縛りにあったこともないんやけどね」

Lさんは占い師であって、拝み屋ではないので、取り憑かれていてもどうもできないし、そもそも取り憑かれているかどうかも分からない。

それでも商売なので、相談に来られたら、一応は話を聞くことにしていた。

たとえば、先日は女子学生のKさんから、こんな相談を受けた。


Kさんは、いままでにも何度か恋愛相談に訪れたことのある常連で、その日は男子学生と二人でやってきたので、てっきり相性を占ってほしいという話かと思っていると、

「ちょっと、これ見てくださいよ」

と、スマホに表示させた一枚の写真をLさんに見せた。

それは、薄暗い森の中にたたずむ廃墟を撮影したもので、二階の窓から、四十代か五十代くらいの見知らぬ男性が、無表情のままじっとこちらを見下ろしている。

心霊写真？　と聞くと、Kさんはうなずいて、

「ほら、自分で説明して」

と、男子学生の背中をどやしつけた。

「あの、それ、一週間前に撮ったんですけど……」

Oと名乗った男子学生は、少しつんのめりながら、なぜか申し訳なさそうに話し始めた。


いまから一週間前のこと。

O君は同じ学部の友だちに誘われて、心霊スポットへと向かった。

友だちの運転で、大阪と京都の府境に車を走らせる。

行き先は、廃業したペンションだ。

少し前にSNSで、誰もいないはずの二階の窓に男性が立っている写真が拡散されて、

話題になったところ。

実際にいってみると、そこはさびれた別荘地で、山の中に似たような家が、ぽつりぽつりと建っているが、人が暮らしている気配はない。

くだんのペンションは、その中でも外れたところにあって、長い間人が住んでいないのは明らかだった。

はじめのうちは、外観の写真を撮っていたのだが、そのうちに「誰かを二階に立たせて、あの写真と同じ構図で撮ろうぜ」と言い出した。

勝手に入るのはまずいだろうとO君は止めたが、そもそもドアははずれ、窓も枠組みしか残っていない状態で、中も外もないだろうと多数決で押し切られ、じゃんけんで負けたものが、中に入ることになった。


「——それで、結局ぼくが負けて、撮ったのがこの写真なんです」

そう言って、O君はKさんのスマホを指さした。

「はあ……」

Kさんとは高校時代の同級生で、たまたま構内で会った時に、こういう写真が撮れて困っていると相談すると、

「そういう話やったら、いい人知ってるで」

と言うので、てっきりお寺のお坊さんとか神社の神主さんのような人のところに連れていくのかと思っていたら、占い師のところに連れてこられておどろいた、という話を聞き流しながら、写真をじっと見ていたLさんは、

「それで、Oさんの写真は？」

と聞いた。

「え？」

O君がぽかんとした顔を向ける。

「いや、だから、これが話題になったのは分かったけど……」

Lさんがなおも言葉を重ねると、

「ほら、はっきり言わな分からへんやろ」

Kさんがまた、背中を叩いた。

「あ、あの、これがぼくです」

O君は、同じ写真を指さした。

「これが、その時の写真なんです」

「はい?」

戸惑うLさんに、Kさんは画面をスライドさせて、よく似た写真を表示した。

「こっちが、元々話題になってた写真です」

Lさんは写真をいったりきたりして見比べた。

建物は同じだが、アングルと木々の様子が、わずかに違っている。

だけど、写っているのはどうみても同じ人物だった。

Lさんは、O君の顔をまじまじと見つめたが、まったく似ていない。

そもそも、見た目の年齢が倍以上も離れているのだ。

Lさんは、スマホをKさんに返すと、

「この写真の男性に、心当たりはありますか?」

とO君に聞いた。

もしかしたら、親類かもと思ったのだが、O君はぷるぷると首を振った。

Lさんはため息をつくと、とにかく自分には何もできないので、お寺に持っていってはどうかと提案して、帰ってもらった。


後日、Kさんがひとりでやってきた。

今度は普通の恋愛相談だった。

話のついでに、O君がどうなったかと聞くと、

「それが……」

Kさんは顔をくもらせた。

「あのあと、お寺にいって写真を見せたら、『これはあなたの亡くなった親戚で、守ってくれているので、感謝するように』って言われたみたいです」

その後、少しおどおどするところのあったO君は、見違えるように明るくなったらしい。

「よかったやん」

Lさんは言ったが、Kさんは浮かない顔をしている。

何か気になることでもあるのかと聞くと、

「これ、見てください」

Kさんは、大学の構内で撮ったらしい写真を見せてきた。

「これ……」

Lさんは、なんとも言いようがなくて、顔をしかめた。

朗らかに笑っているその顔は、O君と、写真の男性を、合成して半分ずつ混ぜたような顔をしていた。

「性格もなんですけど、だんだん顔も変わってきたみたいで……これって守ってるっていうより」


のっとられてるみたいじゃないですか？


Kさんの言葉に、Lさんはうなずいた。

そして、Kさんに「彼にはあまり近づかないように」と助言しておいた。

自損事故

主婦のTさんは、高校生のころ、友だちとバンドを組んでいた。

練習場所はもっぱら、友だちの家だった。

その家は山の中にあって、多少うるさくしても苦情がこないので、練習には最適なのだが、帰りが怖かった。

街灯のほとんどない山道を、ひとりで帰らないといけないのだ。


ある日、Tさんがいつものように、暗い山道を原付バイクで走っていると、前を走っていた車が、とつぜん電信柱に激突した。

Tさんがおどろいてバイクを停めると、車は少しバックして、また同じようにぶつかっていった。

さらにバックをして、もう一回。バックをして、もう一回。バックをして、もう一回。

はじめは運転手がパニックになっているのかと思ったが、それにしては、まるで映像を再生しているみたいに、正確に同じ動作を繰り返している。

それに、電信柱には街灯が点いているのに、車内が真っ暗で何も見えない。

怖くなったTさんは、山道をUターンすると、その日は友だちの家に泊めてもらった。


翌朝。明るくなってから、Tさんが山道を走っていると、あの電信柱の前にパトカーが停まっていた。

だけど、壊れた車は見当たらない。そのまま通り過ぎて家に帰ってから学校にいくと、山道の近くに住んでいるクラスメイトが詳しい話を教えてくれた。

電信柱の近くに、使われていない空き地がある。

その空き地に、一週間ほど前から停められていた車の中から、男性の死体が発見されたらしい。

車内がごみや衣類の詰まった黒いごみ袋でいっぱいで見えなかったのだが、今朝、犬の散歩をしていた人が、やたらと犬が吠えるので警察に届けると、ごみ袋に埋もれるようにして死んでいるのが見つかったのだ。

それが昨夜の光景と関係あるのかどうか、Tさんには分からなかったが、あの真っ暗に見えた車内はごみ袋のせいだったのかと思うと、また怖くなったということだ。

こけし

旅行会社に勤めるUさんという二十代の女性が、五歳くらいの時の話。

W県にあるUさんの父方の実家で法事があった。

実家は広く、Uさんは遊びにいくたびに、大広間でいとこたちと走り回って遊んでいた。

その時も、実家で暮らすいとこや、近所に住む親せきの子どもたちといっしょに、家の中でかくれんぼをすることになった。

いとこは、一番上が小学校の高学年で、かくれんぼに参加した中では、Uさんが一番年下だったらしい。

最年長のいとこが鬼に立候補して、大広間の柱に顔をつけて数え始めると、みんなは一斉に散らばった。

しかし、この家に住んでいるいとこや、しょっちゅう遊びに来る近所の親戚の子どもたちに比べて、滅多に来ないUさんは勝手が分からず、気が付けば自分ひとりだけが取り残されていた。

隠れ場所が見つからないことより、みんながいなくなってしまった心細さに、Uさんが泣きそうになっていると、

「Uちゃん、こっちこっち」

見知らぬ女の子が、とつぜんどこからかあらわれて、Uさんを手招きした。

Uさんも、子どもたちの顔を全員覚えているわけではなかったし、今日初めて会った子もいるので、特に不審に思わずついていくと、女の子は知らない部屋に入って、さらに押し入れに忍び込んだ。

Uさんが続いて押し入れに隠れると、女の子が隅で小さくなって、くすくすと笑っている。

Uさんも、なんだか楽しくなってきて、一緒にくすくすと笑いながら戸を閉めた。

もーいーかい、という声が遠くから聞こえてきたので、Uさんが返事をしようとすると、

「だめだよ」

女の子がUさんの手をにぎって、険しい顔で首を振った。

そうか、声を出したら場所がばれてしまうから、黙ってないとだめなんだ――Uさんはなぜか、そんな風に理解して、女の子にうなずいた。

それからしばらく、Uさんは耳をすませて、外の様子をうかがった。

時折、みーつけた、という声と、どたどたと走り回る音が聞こえてくる。

やがて、静かになったので、我慢できなくなったUさんが、押し入れから出ようとすると、

「まだだめ」

女の子が、Uさんの手をぎゅっと握って、怖い顔で言った。

女の子を振り切って出ていくこともできず、Uさんはしくしくと泣き出した。

すると、押し入れの外から、

「Uちゃーん、出といでー」

おばあさんの声が聞こえてきた。

「ばあちゃん!」

Uさんは、反射的に戸を開けて、押し入れから飛び出した。

「Uちゃん」

おばあさんは目を丸くしながら、Uちゃんを受け止めた。

「こんなとこに隠れてたんか?」

「え?」

おばあさんの視線を追って振り返ると、自分が出て来たのは押し入れではなく、見たことのない部屋だった。

四畳半ほどの和室で、どういうわけか仏壇が二つ、向かい合わせに置いてある。

そして、畳の上にはさっきの女の子によく似たこけしが転がっていた。

笑顔

Kくんは中学生のころまで、三重県の海沿いにある小さな町に住んでいた。

家の近くには、廃業した旅館や、使われなくなった旧道のトンネルなど、いわゆる心霊スポットと呼ばれるものがいくつもあり、Kくんのクラスメイトは大人の目を盗んでは、肝試しにいって自分たちの度胸を競っていた。

そんなある日、Hちゃんという女の子が転校してきた。

Hちゃんはその可憐な外見と明るい性格から、たちまち人気者になった。

Kくんをはじめとして、Hちゃんを狙っている男子も多く、その中のひとりが、ある日、Hちゃんを心霊スポットに誘った。

少人数だと怖がるかと思い、男女合わせて十人くらいでいくんだけど、Hちゃんもどう？　と聞くと、Hちゃんは二つ返事で了承した。

その日、向かったのは、〈O閣跡〉と呼ばれる廃業した旅館の建物だった。

その旅館は海に臨む高台にあって、最盛期はテレビCMも頻繁に流れていた。

しかし、時代の変化についていくことができなかったのか、Kくんたちが幼いころに倒産してしまった。

いつもは肝試しに参加しないKくんも、Hちゃんがいくというので、参加することにした。

その旅館は荒れるがままに放置されていたので、あまり暗くなってからいくと、怖いというよりも足元が危ない。

そこで、夕方のまだ陽が残っている時間帯にいくことになった。

クラスメイトの中には、もう十回近く訪れているという猛者《もさ》もいて、肝試しというより、みんなピクニック気分だ。

それでも、初参加のHちゃんのために雰囲気を盛り上げようと、ひとりの男子が、

「おれ、前に来た時、あそこで女の子が泣いてるの見たことあるわ」

と、ロビーの隅を指さすと、

「え？　どこどこ？」

Hちゃんは、嬉しそうに走っていって、

「なんだ、いないじゃない」

不満そうに口をとがらせながら戻って来た。

その様子を見て、参加していた男子は「可愛い」と笑い、女子は「あざとい」と怒っていたけど、Kくんはなんだか「怖い」と思って、ぞくっとした。

旅館は四階建てで、肝試しのメインイベントは三階の一番奥の部屋だった。

この部屋で男が、いっしょに宿泊していた女を浴衣《ゆかた》の帯で絞め殺して、窓から投げ捨てるという事件があったらしい。

それ以来、この部屋に仲の良いカップルが泊まると、血まみれの女が窓の外にあらわれて、じーっとにらんでくる、と言われていた。

ちなみに窓の外は裏庭になっていて、そんなところに投げ捨てるとは思えないのだが、そのあたりは「殺したことでパニックになった」と、雑な理由づけがされていた。

Hちゃんは、事前にその話を聞いていたのだが、その部屋をちょっとのぞくと、嫌そうな顔で首を振った。

「怖いの?」

誰かの問いに、また首を振る。そして、

「ここじゃないよ」

というと、まるで来たことがあるような足取りで部屋を出て、階段を上がり出した。

しかたなく、みんなもついていく。

すると、最上階の広い部屋に入って、

「ほら、ここ」

と、部屋と部屋の間にある欄間《らんま》を指さした。

「ここで、仲居さんが首を吊ったの」

みんなが顔を見合わせる中、Hちゃんは得々と話し出した。

「すごくきれいなひとだったんだけど、旦那さんとの仲を疑われて、ずっと女将さんにいじめられてたみたい。それに、男の人にだまされて、借金があったんだね。あと少しで返せそうだったのに、旅館のものを壊したとかって、女将さんに難癖をつけられて、また借金を負わされることになって……」

心が折れたその仲居は、女将さんへの当てつけとして、この旅館で一番いい部屋で首を吊ったらしい。

Kくんは Hちゃんの話を、部屋の入り口で聞いていた。

欄間から、和服姿の仲居さんがぶら下がって、小さく揺れているのが見える。

たしかに美人だけど、その分、死に顔は壮絶だ。

Kくんの祖母は「見える」人で、Kくんにも、弱いながらその傾向があった。

祖母には日頃から、

「面白半分でそういうところに行ってはいけないよ。こっちが見えることに気づくと、寄ってくるからね」

と言われていたので、できるだけ避けていたのだ。

「えっと……もしかして、Hちゃんって、そういうのが見える人？」

Hちゃんを肝試しに誘った男子が、ひきつった笑みを浮かべながら聞くと、

「うん」

Hちゃんは当たり前みたいにうなずいた。

どう反応していいか分からずにいるみんなとは対照的に、Hちゃんはその部屋を出るまで、

「すごいすごい。ほんとにいた」

とはしゃいでいた。

Kくんは、仲居さんの幽霊よりも、Hちゃんの笑顔の方が怖かったそうだ。

あれはあかん

翌日から、Hちゃんは放課後になると心霊スポットめぐりをはじめた。

はじめのうちは、下心のある男子や、自称霊感があるという女子が同行していたけど、しばらくすると、誰もついていけなくなったらしく、Hちゃんはひとりでまわるようになった。

そんなある日のこと。

Kくんが祖母の買い物に付き合って、商店街を歩いていると、前方にHちゃんの姿を見つけた。

「あ、Kくん」

Hちゃんがこちらに気がついて、笑顔で手を振っている。

「Hちゃん」

Kくんは手を振り返しながら、目を凝らした。

明るい商店街の中で、なぜだかHちゃんのまわりだけが薄暗い。

Hちゃんは、Kくんの祖母に「こんにちは」とあいさつをすると、

「お買い物？」

と聞いた。

「うん。Hちゃんは、どこかにいってきたの？」

「ちょっとね」

Hちゃんは、ふふっと笑って、また学校で、とスキップするような足取りで去っていった。

彼女のことは、以前祖母にも話したことがある。

Kくんが口を開こうとすると、

「あれはあかん」

それよりも先に、祖母が言った。

見ると、祖母は青い顔をして震えている。

こんな祖母の様子を見るのは初めてだ。

逃げるようにその場を離れると、家に帰ってからようやく落ち着いて話し出した。

祖母によると、Hちゃんはおそらく、S埼にいったのだろうということだった。

S埼は、この町からバスで一時間近くかかるところにあって、その突端にある崖は、全国的にも有名な自殺の名所だった。

何か見たのかと聞くと、祖母は大きく息を吐き出して、

「あんなに仏さんを引き連れて、よお笑ってられるもんや」

感心したような呆れたような口調でそう言った。


結局、Hちゃんが本当にS埼にいったのかどうかは分からなかった。

その日の夜のうちに、Hちゃんが亡くなって、家族もすぐに引っ越していったからだ。

Hちゃんの近所に住んでいる同級生が、夜中に救急車が停まっていたのを見ているので、自宅で亡くなったことは間違いなさそうだが、死因については誰も知らず、学校の先生に聞いても、決して教えてもらえなかった。

ひっぱられる

「そういえば……」

話の終わりに、Kくんは付け加えた。

関係あるかどうかは分からないが、はじめにHちゃんと肝試しにいった十人のうち、男子がふたり、女子がひとり、その後、S埼で命を絶っているということだった。

おはよう

Nくんが小学校低学年の時の話。

学校に向かう道の途中で、毎朝、家の前を掃き掃除しているおばあさんがいた。

おばあさんは、Nくんが通りかかると、

「おはよう」

とあいさつしてくれるので、Nくんも、おはようございます、と返していた。

そんな日々がしばらく続いたある日、おばあさんが亡くなった。

Nくんは知らなかったけれど、母親は手芸か何かの習い事の縁で、おばあさんと知り合いだったらしく、お通夜の準備を手伝うため、いっしょに葬祭会館に向かった。

とはいえ、まだ幼いNくんにできることはあまりなく、大人たちがばたばたと動き回っているのに合わせて、ちょっとしたものを運ぶ手伝いなどをしていた。

ようやく準備がひと段落して、することのなくなったNくんが、遺影をじっと見つめていると、

「ありがとう」

朝のあいさつと同じ声が、どこからか聞こえてきた。

おはようございます

葬儀が終わって数日が経ったある日のこと。

Nくんがいつものように学校に向かって歩いていると、

「おはよう」

と声がした。

え？　と思って立ち止まると、そこはおばあさんの家の前だった。

もちろん、おばあさんの姿はない。

Nくんは幼いながらも、おばあさんが亡くなったことは理解していた。

幽霊？

だけど、怖くはない。

Nくんは、いつもおばあさんがいたあたりに向かって、おはようございます、と返事をした。

その日の夜。

家に帰ってからお母さんに、今朝の出来事を話すと、

「亡くなった人は、しばらくの間はたましいがこの世に残るっていうから、おばあさんは、まだおうちにいるのかもね」

と聞かされた。

Nくんは、そうなんだと納得して、それからも時折聞こえてくるおばあさんの声に、あいさつを返し続けた。

それは二か月ほど続いた。

「あとから数えたら、おばあさんが亡くなって、ちょうど四十九日を過ぎたあたりから聞こえなくなったみたいです」

いまは自分も幼い子どもを持つ父親となったNくんは、懐かしむようにそう言って笑った。

落ちてくる

大阪市内のオフィス街で、会計事務所に勤めているOさんの話。

ある平日の昼下がり。

少し仕事がたてこんでいたので、いつもよりも遅い時間にお昼ご飯をすませたOさんが、事務所に戻ろうと急いでいると、

バシャッ！


すぐ後ろで、大きな水風船が割れたような音がした。

おどろいて足を止めたOさんは振り返ったけど、路上にはなんの異変もない。

ただ、ビルの前にある植え込みに、真新しい花束が置いてあるのが気になった。

ここで事故でもあったのだろうか——。

Oさんが花束に近づこうとした。

「危ない」と悲鳴のような声が聞こえた気がして、反射的に立ち止まった。

バシャッ

大きな音を立てて、Oさんの足元に何かが落ちてきた。

それは、自分と同年代の女の人だった。

首や手足はおかしな方向にねじれ、大きく開かれた目は、あらぬ方向を見つめている。

真っ赤な血だまりが、じわじわと広がっているのを見下ろしながら、

(このままやと、靴に血がつくな)

などと現実逃避のようなことを考えていると、女の人の目がぐるっと動いて、Oさんを見上げた。

Oさんが、喉をヒュッ、と鳴らして後ずさると、女の人の姿はアスファルトに溶け込むように消えていった。

Oさんはしばらくその場に立ち尽くしていたが、やがて、カツン、と音がして、女の人が消えた場所に黒いヘアクリップが落ちてきた。

Oさんはビルを見上げた。

落ちてくるとしたら、このビルしかない。

なんとなくそのままにはしておけず、Oさんは勤め先に少し遅れると連絡をすると、ヘアクリップを拾い上げて、目の前のビルを訪ねた。

受付に、ビルの前で落ちてきたヘアクリップを拾ったことを伝えて帰ろうとすると、少し待ってほしいと引き留められた。

ヘアクリップを手にしたまま、ロビーでしばらく待っていると、疲れた顔をした男性が忙しない足取りでやってきた。

男性は、ビルに入っている会社の総務部の者だと名乗ると、そのヘアクリップを見せて欲しいといった。

Oさんが渡すと、顔を青くして、

「あの……このヘアクリップが落ちてくる前に、なにか弾けるような音を聞きませんでしたか？」

と言った。

関わりたくない、と思ったOさんは、

「何も聞いてません」

と答えて、逃げるようにビルを後にした。

事務所に戻ると、

「あれ？　早かったね？　大丈夫やったん？」

会計士の先生が、意外そうな顔をした。

さっきは「ビルから物が落ちてきたので、届けてくる」程度のことしか伝えていなかったので、あらためて事情を詳しく説明すると、

「それ、もしかして——ビル？」

先生は、まだUさんが口にしていなかったビルの名前を言い当てた。

「そうですけど……やっぱりあそこ、なんかあるんですか？」

「まあ、知らん方がええやろ」

先生は、暗い苦笑いを浮かべながら言った。

「Uちゃんは、今後、なるべくあのビルの前を通らん方がええよ。見込まれたら、厄介やからね」

Uさんは現在も同じ会計事務所に勤めているが、昼食はもっぱら、あのビルとは反対側にあるコンビニで買って、事務所で食べているそうだ。

こっくりさん

看護師をしているTさんは、中学生の時に一度だけ、本格的なこっくりさんをやったことがある。

誘ってきたのは、隣のクラスのKさんとHさんだ。

二人は学校でも有名なオカルト好きで、誰彼構わずこっくりさんに誘った結果、同じクラスには誘える生徒がいなくなったらしい。

Tさんも、本気で信じているわけではなかったが、少し興味もあったので、一回ぐらいならいいかという軽い気持ちで参加することにした。


放課後。

どういう口実で鍵を借りたのか、二人はTさんを理科実験室に連れていった。

事前に準備をしてあったらしく、真ん中のテーブルに、〈あ〉から〈ん〉までの五十音と〇から九の数字、〈はい〉〈いいえ〉、そして鳥居が描かれた紙が置いてあった。

「それじゃあ、はじめるね」

Kさんがカーテンを閉めて、十円玉を鳥居の上に置くと、右手の人差し指を添えた。

Tさんと Hさんも、同じように人差し指を乗せる。

「こっくりさん、こっくりさん、おいでください」

Kさんが同じ文句を三回繰り返す。

そして、ここからがTさんの記憶のはっきりしないところなのだが、Kさんはさらに、

「〇〇様、〇〇様、こっくりさんを捧げますので、どうかおいでください」

というような文句を、やはり三回繰り返していたらしい。

言葉だけをとらえるなら、呼び出したこっくりさんを、さらに捧げることで、より強力な何かを呼び出そうとしているように思える。

ただ、「〇〇様」にあたるところが、忘れてしまったのか、はっきり聞き取れなかったのか、Tさんの記憶には残っていなかった。

とにかく、そういった文句を唱え終わると、Kさんは最後に、

「おいでくださいましたら、はい、とお答えください」

と言った。

すると、十円玉がゆっくりと動き出して、〈はい〉の上で止まった。

Tさんは、自分は力をこめてなかったけど、二人が動かしているんだな、と思った。

もともと本気で信じているわけではないので、率先して動かす気はないけど、どうせやるなら面白い方がいい。二人が動かすなら付き合ってあげよう、くらいの気持ちだった。

Kさんはさらに、

「こっくりさん、こっくりさん。わたしは将来霊能者になれるでしょうか？」

と聞いた。

人差し指の下で、十円玉がぐぐっと動き出す。

きっと、それらしい単語をつくるんだろうな、と思っていると、十円玉はまず〈は〉の上でとまった。

続いて〈ま〉〈け〉と続く。

〈は――ま――け――れ――2――こ〉

そこまで動いたところで、また鳥居の上に戻った。

質問の答えにはなってないけど、ちゃんとした単語にならないあたりが、逆に本物っぽいな、とTさんが妙な感心をしていると、

「やった！」

Kさんが興奮した様子で、TさんとHさんの顔を見た。

「わたし、五十八歳で霊能者になれるんだって！」

え？　どういうこと？

Tさんは混乱した。

十円玉は、そんなことは何も告げていなかった。

それに、五十八歳で霊能者になれるって、嬉しいの？

そんなTさんを置き去りにして、続いてHさんが質問した。

「こっくりさん、こっくりさん。わたしのお母さんの病気はよくなりますか？」

Hさんのお母さん、病気だったんだ。なんの病気なんだろう。

疑問に思いながらも、力を抜いて十円玉に指を置いていると、またするすると動き出した。

〈ゆ――て――わ――ね――〉

また意味のない文字の羅列だ。

だけど、鳥居に戻ったところで、Hさんはがっくりと肩を落として、

「そうですか……」

と、何かに納得したように呟《つぶや》いた。

「大丈夫？」

Kさんが気遣う様子を見せる。

「え？」

Tさんは二人の顔を見た。

「いま、なんて言ってたの？」

Hさんは顔をあげると、

「明日には病気になるだろうって……」

と答えた。

え？　明日？　いまは病気じゃないの？　それに、天気じゃないんだから、明日にはなるだろうって何？

とにかく、意味が分からない。

わたしをからかっているのだろうかとKさんとHさんの顔を見たけれど、二人ともすごく真剣な表情をしている。

Tさんが口を挟むことをためらっていると、二人は次々と質問を重ねた。

「受験はうまくいきますか？」

「お母さんの病気は、どうやったら治りますか？」

質問の内容はわりと普通なのだが、かえってくるのは意味をなさない文字の羅列で、しかも二人はそれを読みとって、

「わたし、犬を食べると死ぬんだって」

とか、

「東の方角を向いて、お母さんに殴られるといいんですね」

などと、気持ちの悪いことばかりを言っている。

Tさんはもうやめたかったけど、二人にやめる気配はないし、いくら力をこめても十

円玉から指が離れない。

「次、Tちゃんの番だよ」

Kさんが言う。

「早く質問しないと、お怒りになるよ」

Hさんも言う。

だれが？　こっくりさんが？　それとも、○○様が？

混乱するTさんの頭に、ある質問が浮かんだ。

それは、Tさんが考えたこともないような質問で、そんなこと別に知りたいとも思わないのに、頭の中にべったりとへばりついて離れない。

それでも、口にしたらやばいと思って、Tさんが口をもごもごさせていると、

「おい、お前ら！　何してるんだ！」

ガラッと扉が開いて、先生が飛び込んできた。

とたんにKさんとHさんは、ケタケタケタケタと笑い出すと、泡をふいて倒れてしまった。

その後、二人は救急車で病院に運ばれ、Tさんは先生に送ってもらって家に帰った。

噂によると、二人は高名なお坊さんのお祓いを受けたらしく、退院してきた時には、別人のようにおとなしくなっていた。

あの時、教室の前を通りかかった先生は、動物園のようなにおいが漏れていることにおどろいて、反射的に中に入ったのだと、後にTさんに教えてくれた。

ちなみに、こっくりさんをやっている時にTさんの頭に浮かんだ質問というのは、

「どうやったら、みんな死にますか？」

だったそうだ。

ぺとぺとさん

中学校で社会を教えているNさんが、大学生の時に体験した話。

奈良県に住んでいたNさんは、休みの日になると、よくひとりで山の辺の道を歩いていた。

山の辺の道というのは、奈良県の天理市から桜井市へと続く道のことで、万葉集ゆかりの地をめぐることができる。

ある時、Nさんが畑とため池に囲まれた道をひとりで歩いていると、後ろから、ぺと、ぺと、と濡れた素足で歩くような音が聞こえてきた。

立ち止まって振り返るが、さえぎるもののない一本道の、どこにも人影は見えない。

だけど、たしかに足音は聞こえたし、何かがいるような気配もする。

これはもしかしたら、ぺとぺとさんかもしれない、と思った。

ぺとぺとさん、べとべとさん、べったりべったり……呼び名はいくつもあるが、要するに後ろからついてくる妖怪の類である。

民話や伝承の好きなNさんは、妖怪にも詳しかった。

だから、対処法も知っていた。

この手の怪異は、立ち止まって、

「お先にどうぞ」

と言えば、自分を追い越して、通り過ぎてくれるはずだ。

Nさんは、何くわぬ顔でふたたび歩き出すと、後ろから足音が聞こえてくることを確認してから、道の脇に立ち止まって、

「お先にどうぞ」

と言った。

すると、ぺと、ぺと、という音が目の前を通り過ぎて——戻ってきた。

Nさんは焦った。

足音が戻ってくるなんて、聞いたことがない。

怖くなったNさんは、早足でいま来た道を戻った。

足音が、同じペースでついてくる。

たしか、怖がって逃げたりすると、面白がって追いかけてくる、と聞いたことがある。

いや、だけどあれは、ぺとぺとさんの話だ。

いま自分の後ろからついてきているのは、いったい何者なんだ？

さっき通り過ぎたため池の前に戻ると、泳ぐなキケン！　の文字の下で、黄色い帽子を被った男の子が、目をばってんにして溺れているポスターが目に入った。

すぶぬれになった子どもが、後ろからついてくる光景が頭に浮かぶ。

怖い！

耐えきれなくなったNさんは、地面を蹴って走り出した。

たしか、この先に神社があったはずだ。

ぺとぺとという音は、いまはぴしゃぴしゃと雨の中を裸足《はだし》で走るような音になって、ぐんぐん近づいてくる。

追いつかれる！　と思った瞬間、Nさんの体は鳥居をくぐった。

とたんに、足音は消えて、鳥の声や風の音が戻ってきた。

さっきまで、周りの音が全然耳に入ってこなくなっていたことに、はじめて気が付いた。

神社を出るのは怖かったが、日が暮れる直前に鳥居を通って、住宅街まで一気に駆け抜けると、そのまま駅まで走り続けた。

結局、足音の正体は分からず、しばらくしてから山歩きも再開したけど、二度とそんなことはなかった。

いったいなんだったんでしょう、とたずねると、Nさんは少し考えてから、

「分かりませんけど、鳥居を入ってこられなかったのなら」

いいものではないのでしょう、と言って、わずかに顔をしかめた。

たずねてくるもの

主婦のIさんが台所で洗い物をしていると、ピンポーン、と玄関でチャイムが鳴った。

「はーい」

返事をしたものの、手にはぴったりとしたゴム手袋をつけていたので、外すのに手間取っていると、

「あーい」

もうすぐ三歳になる息子が、遊んでいたブロックを置いて、とことこと玄関に歩いていった。

「ちょっと待って」

Iさんは慌てて声をかけた。

昔のように、玄関の段差を落ちることはなくなったが、最近では自分で靴をはいて、外に出ようとする。

鍵はかけてたと思うけど……。

ようやく手袋を外して、追いかけようとすると、息子がまた廊下をとことこと戻ってきた。

手には小さな栗饅頭《くりまんじゅう》を持っている。

「それ、どうしたの？」

Iさんがおどろいて聞くと、

「らった」

息子はにこにこしながら答えた。

「もらったって、だれに？」

「おじ……さん」

舌足らずな息子の言葉では、おじさんかおじいさんか分からないが、どちらにしても心当たりはない。玄関をのぞくと、誰もいなかったし、鍵はかかったままだ。

息子は鍵の開け閉めはできない
Iさんの家では、来客がチャイムを鳴らすと、インターホンのところにあるカメラが自動的に録画を始めるようになっている。

モニターを再生すると、頭らしきものが、画面の下にかすかに見えるような気がした。子どもの悪戯だろうか。

だとしても、鍵がかかったままで、どうやって栗饅頭を渡すのか……。

とりあえず、気味が悪かったので、別のお菓子と引き換えに栗饅頭を取り上げた。

次の日。近くの公園を目指して歩いていると、息子がとつぜん角を曲がって、知らない路地に入っていった。

どこにいくんだろうと、後ろからついていくと、三叉路の突き当たりに建つ小さな祠《ほこら》の前で足を止めて、

「おじ……さん」

と指をさした。

祠の屋根の下では、赤い前掛けをつけたお地蔵さまが微笑んでいて、その前には、この間もらったのと同じ栗饅頭が、てっぺんがひとつ欠けた山の形に積まれていた。

おじさんでもおじいさんでもなく、おじぞうさんだったんだ、と腑《ふ》に落ちた。

待合室

Ｆくんが中学生の時の話。

寄り道をして、いつもよりも遅い時間に家に帰ると、

「その顔、どないしたん」

母がおどろいた顔をした。

「どうかなってる？」

顔がかゆいなと思いながら帰ってきたのだが、洗面所にいって鏡を見ると、たしかに顔全体に湿疹のようなものがひろがっている。

「うわ、なんやこれ」

「こんな時間まで、どこいってたん」

「ちょっと、友だちと……」

「友だちって、ＹとかＫやろ？　あんたら、またしょうもないとこいってきたんとちゃ

うか？」

「おれらは別に……」

「いいから、はよ病院いっといで」

「けど……」

「はい、保険証。着替えんでいいから、そのままいき。ほら、はよいかんと、病院しまるで」

まったく話を聞いてもらえず、追い出されるように家を出たが、顔がかぶれたことなどないので、どこにいけばいいのか分からない。

とりあえず、いつも診てもらっている病院に向かっているうちに、行きつけの歯医者の近くで皮膚科の看板を見かけたことを思い出した。

いってみると、古そうだけど、診察時間内だ。

中に入って受付をすませると、ソファーに腰をおろす。

十人もすわれば満員の待合室には、三人の先客がいた。

おじいさんとおばさん、そして高校生くらいの女の子だ。

「……さん、診察室にお入りください」

看護師さんの声がして、おじいさんが診察室に入っていった。

さらにしばらくして、

「……さん、診察室にお入りください」

という声に、おばさんが腰をあげる。

患者の名前のところだけが、なぜか聞き取れない。

残っているのは、女の子と自分だけだ。

実は、Ｆくんはその女の子のことが、さっきから気になっていた。

ずっと顔を伏せているし、斜め後ろからしか見ていないのだけど、絶対に可愛いはずだという確信があったのだ。

もちろん、病院で声をかけるような失礼なことはしない。

だけど、せめて名前だけでも知りたいと思って、Ｆくんは耳に全神経を集中させた。

「……さん、診察室にお入りください」

看護師さんの声に、女の子が無言で立ち上がる。

やっぱり聞き取れなかった。

だけど、診察が終わったら出てくるわけだから、その時に顔を……。

そこまで考えて、Fくんは、あれ？　と思った。

さっきから、呼ばれるばかりで、ひとりも診察室から出てきてない。

診察室がいくつもあるような、大きな病院ではない。

出口が別にあるのだろうか。

でも、会計は？

疑問に思っていると、

「Fさん、診察室にお入りください」

自分の名前が呼ばれた。

まだ、誰も出てこない。

腰を浮かせた状態でかたまっていると、

「Fさん、お入りください」

いらだったような声が聞こえてきた。

受付をのぞくと、誰もいない。

Fさんは、そっとガラス戸を押し開けて病院を出ると、途中の薬局で塗り薬を買って帰った。

後日、Fくんの話を信じないYとKを連れて、病院があった場所にいこうとしたけど、病院の建物も、見かけたはずの看板も、見つけることはできなかった。

ちなみに、その日、帰りが遅くなったのは、近くのお寺にある墓地の中で、友達とかくれんぼをしていたからだったそうだ。

そこにいる

コンビニでバイトをしながら、劇団に所属して役者を目指しているTさんが、夜勤を終えてひとりぐらしの部屋に帰ると、長い髪を後ろで束ねて灰色の服を着た女性が、ベッドと重なる位置に、うつむいて立っていた。

Tさんは部屋の入り口でしばらく立ち止まっていたが、やがてため息をついて、部屋の模様替えをはじめた。

ベッドを入り口近くの壁に寄せると、友だちから譲ってもらった空のクローゼットを、女性の幽霊と重なるように移動させる。

女性の姿が見えなくなると、Tさんはベッドに寝転がった。

男性に振られたことが原因で、この部屋で自殺したらしい。

どういう方法で死んだのかは知らないが、見た目がきれいなことから、薬ではないかとTさんは思っている。

事故物件であることを承知で借りているので、不動産屋に文句を言うわけにはいかない。

誤算だったのは、幽霊が時折、場所を移動すること。

そして、自分の霊感が日に日に強くなっていくことだ。

事故物件ではない

薬剤師のJさんが目を覚ますと、部屋の外が騒がしい。

チェーンをかけたままドアを細く開けて様子をうかがうと、警察官らしき人たちが、右から左へと次々通っていく。

どうやら、隣の部屋の前に集まっているようだ。

ドアを閉めて、朝食の準備をしていると、壁の向こうが騒がしくなった。

はなせよ！　とか、暴れるな！　という声が聞こえてくる。

Jさんが朝食を食べ終えるころには静かになったので、出勤の準備をすませて、部屋を出た。

エレベーターがあるのとは反対側の隣の部屋の前に、黄色いロープが張られ、青い服を着た人たちが忙しそうに動き回っている。

見慣れた光景だ。

今度はなんだろう、と思いながら、Ｊさんはエレベーターに向かった。

隣の部屋は、事故物件ではない。

入居者がしょっちゅう逮捕されているだけだ。

前の住人は、おとなしそうなサラリーマンだったが、酔っぱらって深夜の路上でけんかをしたあげく、相手が死んで傷害致死で逮捕された。

その前は幼稚園児の娘がいる、幸せそうな家族だったのに、夫が浮気の末に、愛人を殺してしまった。

さらにその前に住んでいた男は、特殊詐欺グループの一味だった。

二年前に、Ｊさんがこのマンションに引っ越してきて以来、隣の部屋の住人が逮捕されるのは、これで四回目になる。

今回も、逮捕の理由は分からないけれど、おそらく部屋で人が死んだりはしていないのだろう。

不動産屋が、入居者にどういう説明をしているのかは分からない。
ただ、隣の部屋は事故物件ではない。

落としもの

Sさんが、小学三年生の時の話である。

学校からの帰り道、彼女が公園のそばを歩いていると、赤いパスケースが落ちていた。

大事そうなものだと思ったので、交番に届けると、若い警察官が、

「ありがとう。偉いね」

と褒めてくれた。

子どもが落とし物を届けた場合、警察官は保護者に連絡をとって、身元の確認や、落とし主があらわれた時に謝礼をもらうかどうかなどを確認する。

警察官はSさんの家に電話をかけると、書類を作成した。

そして、デスクの引き出しを開けると、小さなお菓子を取り出して、

「どうもありがとう。これを、おうちの人に渡してください」

と言いながら、お菓子と書類をSさんに手渡した。

家に帰ると、Sさんは言われたとおり、お菓子と書類を母に見せた。

母は、さっき電話をもらったよ、偉かったね、と言って、さらにおやつを出してくれた。


次の日。

学校が終わるとSさんは、何か落としものはないかと探しながら歩いた。

褒められたことや、お菓子をもらったことで、すっかり味を占めてしまったのだ。

すると、昨日とほとんど同じ場所に、薄いピンク色のハンカチが落ちているのを見つけた。

もしかしたら、昨日も落ちてたけど、気がつかなかったのかもしれない。

Sさんはハンカチを拾うと、意気揚々と交番に持ち込んだ。

交番にいたのは、昨日とは違う初老の警察官だった。

「落とし物を届けてくれたのか。偉かったね」

にこにこしながらそう言って、やはり家に電話をかけると、書類を作成し、お菓子をくれた。

家に帰ると、母は少し呆れた様子で、

「落とし物を拾うのはいいけど、ほどほどにね」

と言った。


さらに、その翌日。

Sさんは小走りで帰っていた。

このあと、友だちの家に遊びにいく約束をしているのだ。

公園の横を駆け抜けようとしたSさんは、何かを蹴飛ばした。

見ると、それは鍵だった。

赤茶色の小さな長方形のキーホルダーがついている。

Sさんは迷ったけど、これを拾って交番に届けていると、時間がかかってしまう。

昨日、母に言われた「ほどほどにね」という言葉も頭に残っていたので、そのまま立ち去ろうとした。

すると、

「どうして拾ってくれないの？」

という女の人の泣きそうな声が、空から降ってきた。

Sさんはびくっとして、次の瞬間、走って逃げだした。

その日の夜、交番から、パスケースとハンカチを拾った場所を、もう一度詳しく教えて欲しい、と家に電話がかかってきた。

Sさんは、鉄棒の横あたりと答えて、母に伝えてもらった。


数年後。高校生になったSさんが、ふとその時のことを思い出して、

「あれって、なんの電話だったの？」

と聞くと、

「もうそろそろいいかもね」

と、母が顔をしかめて教えてくれた。

Sさんが落とし物を拾った、さらに数年前。

隣町で殺人事件が起こった。

被害者は二十代の女性で、ゆきずりの犯行とみられることから、犯人はなかなか捕まらなかった。

あのパスケースとハンカチは、その被害者の持ち物で、現場からも女性の自宅からも

見つからなかったものが、数年の時を経て、とつぜん交番に持ち込まれたので、詳しい事情を聞きたくて連絡してきたらしい。

その後、犯人が捕まったのかどうか、調べればわかるのかもしれないが、Sさんは知りたくないという。

もし捕まっていなかったら、またあの声が聞こえてきそうで、怖いのだそうだ。

形見

地元の友人が入院したと聞いて、Sさんはお見舞いにいった。

友人の家族からは、もう長くないと聞かされている。

友人もそれを知っているし、友人が知っていることを、Sさんも知っている。

だから、病室ではひたすら楽しい思い出話をした。

「あ、そうや。旅行の時に借りた三万円、まだ返してなかったな」

友人の言葉に、

「ほんまや」

Sさんはおおげさに目を見開いた。

「返してもらわな。若い時の三万は、年取ってからの三十万やぞ」

「利子、高すぎるやろ。まあええわ。返したろ」

「返さんでもええから、その金でまた旅行いこうや。あの時に食いそこねたカニ、いまでも夢に出てくるねん」

「いやしいやっちゃなあ。分かった。そしたら、その三万でカニおごったるわ」

「三十万やってゆってるやろ」

その時のやり取りが、最後になった。


お葬式が終わって、Sさんが帰ろうとすると、友人の家族に呼び止められた。よかったら、形見分けとして何か持って帰ってもらえないかという。

部屋に通されたSさんは、一冊の漫画本を選んだ。

中学生のころに流行った、学園を舞台にしたギャグマンガで、当時同じクラスだった友人と、くだらないギャグを真似しては笑っていた。

家に帰って喪服を脱いだSさんは、缶ビールを片手に漫画を読み始めたが、さっぱり面白くない。

なんであんなにおもろかったんかなあ、と思いながらページをめくると、はらりと何かが落ちた。

拾い上げると、一万円札だった。

それも、ちょうど三枚ある。
へそくりかよ、と突っ込んで、ようやく笑うことができた。
ああ、そうか。あいつといっしょに読んでたからおもろかったたんや。
葬式の時には流れなかった涙が、両目からあふれてきた。

そのお金は、今でも漫画にはさんだままにしてある。

電話

ある人の家が、火事で全焼した。漏電が原因だったらしい。

幸い、気づくのが早かったおかげで、家族は全員逃げ出すことができたが、貴重品を入れた手提げ金庫と、手元にあったスマホや財布以外の、ほとんどの持ち物は焼けてしまった。

とりあえず、近くの親戚の家に身を寄せていると、火事の翌々日、長女のスマホに着信があった。

画面を見ると、家の固定電話の番号が表示されている。

わけが分からなかったが、もしかしたら電話は無事で、確認のために消防署の人がかけてきたのかもしれない、と自分を納得させながら、長女が電話に出ると、子どもが泣くような声で、

「熱かったよ……」

と聞こえてきた。

長女が悲鳴をあげてスマホを放り出すのを見て、母が「どうしたの？」と声をかけた。

長女が事情を話すと、母は少し考え込むようなそぶりを見せて、何も言わずに出かけていった。

そして、戻って来た時には、真っ黒になった犬のぬいぐるみを手にしていた。

それは、長女が生まれる前、なかなか子どもが出来なかった両親が、子どものようにして可愛がっていたぬいぐるみで、長女にとっては兄か姉のような存在だった。

二階にある長女の部屋に置いてあったはずなのに、なぜか一階リビングの電話があった付近に落ちていたらしい。

煤《すす》で黒くはなっているが、奇跡的に焼け残っていたぬいぐるみを、事情を話して持ち出してきたのだと、母は言った。

みんなが見守る中、ぬいぐるみは一度だけ、げふっ、とまるで咳き込むように黒い煙を吐き出した。

いまは、長女が「ちょっと怖い」といいだしたので、きれいに修復して、新しい家の両親の寝室に置いてあるらしい。

声

人が幽霊を目撃するパターンというのは、大きく三つのケースに分けられるように思う。

ひとつは、見る側の人間の霊感が強い場合。

ほかの人には見えていないのに、その人だけに幽霊が見えているというのがこれにあたる。

ふたつ目は、幽霊の存在感が強い場合。

心霊スポットにあらわれる幽霊などは、ここに分類されるだろう。

ひとつ目とは反対に、特別な霊感がない人でも、幽霊を見ることができる。

そして三つめは、ある条件を満たしたものだけが見える場合だ。

たとえば、近親者や親しい友人の幽霊が見えるというケースがこれにあたる。

ただし、生前に関わりがなくても、何かのきっかけでシンクロしてしまい、見たくないものが見え、聞きたくないものが聞こえてしまう、ということも往々にしてあるようだ。

Rさんは死のうと思った。

上司には毎日毎日怒鳴《どな》られながら、無茶な仕事を振られ、後輩からは馬鹿にされる。

味方だと思っていた同僚にも裏切られ、彼は何も信じられなくなってしまった。

電車を途中で降りて、夜道をあてもなく歩いていると、大きな橋に出た。

車は行き来しているが、歩行者用の通路に人の姿はない。

ちょうど真ん中あたりで立ち止まって、欄干に腕をのせる。

見下ろすと、真っ暗な水面がRさんを誘うように、ぽっかりと口を開けていた。

怖いというより、あそこにいけば明日のことを考えなくてもいいという安堵感の方が強い。

そんなことを考えている時点で、自分はもうだめだな、と自嘲的にほおを歪《ゆが》めながら、ぐっと身を乗り出した時、

「早くこいよ」

どこからか、せせら笑うような声が聞こえてきた。

よく見ると、水面にたくさんの顔が浮かんでいる。

川までの高さを考えると、見えるはずがないのだが、ひとつひとつの表情まではっきりと見分けられる。

その中に、Rさんのことを辞めさせようとしている先輩にそっくりな顔を見つけて、死ぬのが馬鹿らしくなったRさんは、橋を引き返して家に帰った。

翌日、出社したRさんは先輩の無茶な指示を無視し、態度の悪い後輩を怒鳴りつけ、同僚の胸倉を掴んだ。

おかげで退職を余儀なくされたが、死ぬよりはましだと思っている。

Rさんが、あとから知り合いに聞いた話では、あの橋では飛び込み自殺が後を絶たないのだが、どういうわけか仕事の悩みばかりで、失恋や病気を苦にして飛び込む人はほとんどいないらしい。

「仕事に疲れて死んだ人が、仲間を呼び込んでいるんでしょうね」

いまは会計士を目指して、会計事務所で働いているというRさんは、そう言って複雑な笑みを浮かべた。

おいで

死のうとしていたという話では、こんな話もある。

平成の初めごろ。

当時はまだそれほど社会問題化していなかったが、Oさんの勤めている会社は、典型的なブラック企業だった。

低賃金、サービス残業、休日出勤、パワハラ……。

寝不足で判断力も枯れ果てていたOさんは、朝の駅のホームで、死のうかどうしようかと考えていた。結局、決心がつかないまま、電車がホームに入ってくる。

あと一日、がんばってみよう。

電車の扉が開くと、そこには三年前に亡くなったはずの祖父が立っていた。

子どものころ、勉強やスポーツのできないOさんを、いつもはげましてくれた祖父。

百点を取れなくても、いつもより少しでも点数が良かったら、大げさなくらいに褒めてくれた。

その祖父が、笑って手をのばしている。

おじいちゃん、おれ、もうちょっとがんばってみるよ。

Oさんがその手をつかもうと、足を踏み出した時、

「危ない！」

誰かに肩をつかまれた。

同時に、目の前を急行列車が、うなりをあげて通り過ぎていった。

Oさんが呆然としていると、

「危ないですから、さがってください」

肩をつかんだ駅員が、そのままOさんを、ホームの中ほどまで引き戻した。

「大好きだった祖父の姿を騙《かた》った何者かを見返すために、がんばってきたようなもんです」

その後、いくつかの仕事を転々として、現在は縁あって老舗の仏具店に勤めるOさんは、そう言って胸を張った。

心霊写真

昭和の終わりごろの話。

小学校に通うNさんのクラスで、心霊写真が流行《はや》ったことがあった。

きっかけは、学級文庫においてあった一冊の本だった。

それは新書版の心霊写真の本で、休み時間にみんなでそれを見るのが、一種の度胸試しのようになっていたのだ。

そんなある日、友だちのひとりが、

「おれ、家から心霊写真持ってきたで」

と言って、一枚の写真をみんなに見せた。

団体旅行先で撮った記念写真らしく、三十人ほどの男女が、大きな石碑の横に整列している。

その石碑の後ろから、のっぺりとした白黒の顔らしきものが、横向きになってひょっこりとのぞいていた。

初めて目にする〈本物〉の心霊写真に、子どもたちは、

「これ、ほんまもんや」

「呪われるで」

「うわっ、さわってしもた」

と大興奮で、持ってきた男の子はいちやくヒーローになった。


Nさんは、自分もヒーローになりたくて、その日の放課後、家に帰るなり、

「ただいまー、うちに心霊写真ないー？」

と聞いた。

「はあ？　いきなり何をゆうてるんや？」

夕食の準備をしていた母が呆れた顔を見せる。

やっぱり、そう簡単にはないよなあ、と思っていると、

「そんなん、いくらでもあるがな」

そう言って、天袋からいただきもののクッキーが入っていた四角い缶を取り出した。

缶を開けると、中には大量の写真が入っていた。

聞くと、母の父、つまりNさんのおじいさんは写真が趣味で、家族旅行はもちろん、出張にいった先でも時間をつくっては名所をまわり、写真を撮っていたらしい。

そのうち、おかしなものが写っている写真を見つけると、

「これはお祓いにもっていかなあかんな」

と言って、別の場所に集めておいた。

それが何十年も続いた結果、これだけの心霊写真と思われる写真が溜まったということだった。

「なんでお祓いにもっていかんかったん」

待望の心霊写真が見つかって嬉しいというより、その量に怖気づいたNさんが聞くと、

「なんでって、あのおじいちゃんやで」

母は当たり前のように言って、Nさんも当たり前のように「ああ、そっか」と納得した。

Nさんのおじいさんは、物は集めたがるが、ずぼらな性格で、以前も押し入れの隅にあったスーパーのビニール袋から、大量のお守りが出てきたことがある。

「そやけど、ほっといてもええんかな」

Nさんが写真を前にして不安を口にすると、

「撮った本人がぴんぴんしてるんやから、大丈夫やろ」

母はそう言って、夕飯の支度に戻っていった。

Nさんは、写真を一枚ずつ見ていった。

だけど、そのほとんどが、写真の端に白い筋が走っていたり、指っぽい形の黒い影が写っていたりと、地味なものばかりで、みんなをびっくりさせられそうな写真は、なかなか見つからない。

Nさんは、みんなをびっくりさせたいだけなのだ。

残り少なくなって、とりあえず白い筋がはっきり写っているものだけでも学校に持っていこうかなと思っていると、白くて薄い紙に包まれた写真が出てきた。

紙をひろげて取り出すと、中から出てきたのは、学校で見たのと同じような団体旅行の写真だった。

展望台で海をバックにして、若い男女が二列に並んで笑っている。

一見したところ、おかしなところはないように思えたが、よく見てみると、写っている人の顔と体が少しずれているような気がする。

Nさんがさらに目を凝らした時、台所の方から、がしゃん！　と音がした。

見にいくと、母が頭をおさえて、うずくまっている。

棚の上に置いてあった、食器入りの箱を取ろうとして、頭に落ちてきたらしい。

さいわい、たいした怪我ではなかったので、二人で箱の中の食器が割れていないかを確かめていると、電話がかかってきた。

祖父が畑仕事をしていたら、強風で飛ばされたトタン板が頭を直撃して、救急車で運ばれたというのだ。

母が自分の怪我のことも忘れて、出かける準備をする。

Nさんは写真を紙で包みなおすと、ほかの写真を上からかぶせて、そっと缶のふたを閉じた。


おじいさんは、板がかすっただけで、さいわい軽傷で済んだ。

Nさんは結局、学校に写真を一枚も持っていくことなく、一か月も経たないうちに、心霊写真ブームは下火になっていったそうだ。

人形

スーパーのレジでパートをしているHさんが、小学校の三年生の時に体験した話である。

当時、彼女は大阪の北部にあるT市に、両親と三人で暮らしていた。

両親は共働きで帰りが遅く、家にいても退屈なので、Hさんは学校が終わると、すぐに遊びに出かけていた。

ある日のこと。

Hさんがいつものように公園にいくと、その日に限って、知ってる子どもがいなかった。

仕方がないから、少しだけブランコに乗ったら家に帰って宿題をやろうと思っていると、

「Hちゃん」

と呼ぶ声がする。

顔をあげると、Cちゃんがいた。

学校は違うけど、公園でドッジボールをしている時に知り合った、同い年の女の子だ。

「Cちゃんも遊びにきたん?」

Hさんが話しかけると、Cちゃんはうなずいた。そして、

「よかったら、うちにけえへん?」

と言った。

場所を聞くと、郵便局の近くだという。

そこなら道も分かるので、Hさんは「いく」と答えた。

ついていくと、縦に細長い三階建ての家が、二軒、並んでいた。

となりの家の前には〈売家〉と書かれたのぼりが立っている。

「これ、どういう意味?」

Hさんが首をかしげると、

「この家は売り物ですって意味やねん」

Cちゃんはそう言って笑った。

Hさんはそれを聞いて、それじゃあ、この家を買ったらCちゃんとお隣りさんになるんやな、と思った。

Cちゃんは鍵を開けて家に入ると、Hさんを三階にある、自分の部屋に通した。

三階建てが珍しかったHさんは、カーテンを開けて、ぎょっとした。

家の裏手に、お墓が並んでいる。

「気になるんやったら、閉めといた方がいいよ」

Cちゃんはそう言うと、部屋を出ていった。

そして、戻って来た時には、何体かの人形と、人形用の服を持ってきた。

目のくりっとした、着せ替え人形だ。

違う部屋にたくさんあるらしい。

その日、Hさんは日が暮れるまで、Cちゃんといっしょに人形で遊んだ。


その日から、Hさんは毎日のように、Cちゃんの家に通った。

同じ学校の友だちからは、最近公園にこないけど、習い事でも始めたのかと聞かれたが、Hさんは適当に笑ってごまかした。

Cちゃんの家のことを、秘密にしておきたかったのだ。

そんなある日。

いつものようにCちゃんと三階で人形遊びをしていると、

ピンポーン

一階で、チャイムが鳴った。

いままでそんなことはなかったので、珍しいなと思っていると、

「ちょっと待っててね」

Cちゃんはそう言って、階段を下りていった。

ひとりになったHさんは、こっそりと部屋を出た。

一度、家の中を探検してみたかったのだ。

すると、隣の部屋から、

「あと少しだね」

「そうだね」

という声が聞こえてきた。

声は子どものようだけど、この家にいるのはCちゃんと自分だけのはずだ。

そっとドアを開けると、中には大量の人形が並んでいた。

だけど、開けた瞬間、みんながサッと元の位置に戻ったような、そんな気配を感じた。

「Hちゃん」

振り返ると、Cちゃんが立っていた。顔は笑っているけど、目は笑っていない。

「そこはだめ」

そう言って部屋に戻ると、「今日は散髪ごっこをしよう」といって、はさみで人形の髪を切り始めた。毛先をそろえるとか、そんなレベルではない。はさみを使うことを覚えたばかりの幼児が、紙を切り刻むような、めちゃくちゃな切り方で、ナイロンの髪の毛が部屋中に散らばっていく。

「はい、次はHちゃんの番」

無残な姿になった人形を差し出されるが、これを受け取ってはいけないという気がして、手を出しかねていると、

ドンドンドンドンドン！

玄関のドアを激しく叩く音がした。

「ごめん！　今日は帰る！」

Hさんは部屋を飛び出して、階段を駆け下りた。

玄関の前で足を止めたが、思い切ってドアを開けると、外には誰もいなかった。

家に帰ると、珍しく母がいた。

「Hちゃん、最近、どこに遊びにいってるん？」

母は同級生のお母さんから、最近Hさんが公園に来ていないと聞かされていたらしい。

「Cちゃんのとこ」

「Cちゃんってだれ？」

「違う学校の友だち」

Hさんが説明すると、ちょうど郵便局にいく用事があるから、つれていって、と言われた。

さっきのことが気になったけど、家の前までいくだけなら問題ないだろうと、Hさんが案内すると、

「ここ？」

母が険しい表情で、Hさんを振り返った。

〈売家〉ののぼりが、両方の家に立っている。

「おかしな嘘つかんといてよ」

「ほんまやって」

Hさんが怒ったように言うと、母は少し考えてから「もう来たらあかんで」と言って、手を引いて帰った。

それから半年ほどの間、夜中に時折「ドンドンドン」と玄関の戸を叩く音が聞こえたけど、Hさんたちは聞こえないふりをして、決して出ることはなかった。


数年後。

中学校に進学してから、その学区の子に聞いてみたけど、Cちゃんという女の子はいなかった。

大人になってから聞いた話では、あの二軒の家には同時期に新婚夫婦が入居したが、隣どうしで浮気をして、殺人事件にまで発展したらしい。

事件の現場となったのが、どちらの家なのかまでは分からなかったが、どちらにも子どもはいなかったということだ。

仮眠

エンジニアのKさんの話。

隣の県にある工場で機械トラブルがあって、手伝いに駆り出された。

なんとかその日のうちに解決して、帰路についたKさんが、真っ暗な山道をひとりで運転していると、急に強い眠気に襲われた。

これはまずいと思ったが、明かりの少ない細い道が続いているので、下手なところに停めるわけにはいかない。

しばらく走ったところに、広い空き地を見つけたので、そこで休憩することにした。

トラブルの対応に思いのほか時間がかかったことに加えて、慣れない山道の運転で、一気に疲れが出たのだろう。

無理をして、事故に遭ってもばかばかしい。ここで一眠りしてから出発しよう——。

Kさんが、シートを倒して目を閉じた途端、車が大きく揺れ出した。

おどろいて窓の外を見ると、車のまわりを十人以上の子どもたちが取り囲んで、車を揺らしていた。

「こら！　なにしてるんだ！」

仮眠を邪魔されたKさんが、思わず怒鳴りつけると、子どもたちはぴたりと動きを止めて、窓の外からKさんをにらんだ。

よく見ると、服装が全体的に古く、朝ドラに出てくる昭和の子どものようだ。

こんな夜中に、民家どころか建物もないような山の中で、大勢の子ども？

バッと体を起こしてまわりを見渡すけど、自分以外に車が停まっている様子はない。

ようやくKさんが普通ではないことに気づいた時、

バン！　バン！　バン！　バン！

子どもたちがいっせいに窓や車体を叩いてきた。

Kさんは逃げることもできずに、車の中で頭を抱えて震えていた。

やがて、音がやんだのでおそるおそる顔をあげると、子どもたちの姿がない。

Kさんは急いでエンジンをかけると、事故を起こさないように細心の注意をしながら車を走らせた。

山を下りたところにコンビニがあったので、駐車場に停めて車を降りると、車体のあちこちに、泥遊びをした子どもがつけたような手形が、無数についていた。

帰ってから、車を停めたあたりをグーグルマップで表示すると、石碑のようなものがみえたが、それ以上詳しく調べる気にはなれなかったということだ。

記憶にない光景

塾講師をしているNさんという男性から聞いた話。

独身の彼は、大阪市内のワンルームマンションで暮らしている。週末には、見放題の配信サービスで夜中まで映画やドラマを見るのを楽しみにしていた。

ある日の夜。

夕食をすませてからマンションに帰りついたNさんは、さっそくパソコンを開くと、発泡酒を片手に、一般の人から投稿された心霊映像を紹介するというシリーズの一作を見始めた。

部屋の内見にいったら、押し入れで白塗りの男の子がひざを抱えて座っていたとか、全面鏡ばりのレッスン室でダンスの練習をしていたら部屋の隅に髪の長い女が映りこんでいたという映像に、突っ込みを入れながら楽しんでいると、とつぜん子どもの顔が、画面いっぱいに映し出された。

うわっ、とNさんがおどろいていると、

「これ、なにー？」

あどけない声が聞こえてきた。

どうやら、ビデオカメラを珍しがった子どもが、レンズに顔を近づけていたようだ。

子どもが離れると、そこは家の庭だった。

ずいぶんと広い家らしく、幼稚園児くらいの子どもたちが、なわとびをしたり、縁側に座ってお菓子を食べている。

なんだか懐かしい風景だな、と思っていると、画面の隅に祠のようなものが映った。

おや？　と思って、映像を停める。

あれはたしか、実家の近所にあった、親戚の家の庭にあった祠だ。

あらためて映像を見直すと、縁側や庭木の様子も、親戚の家にそっくりだった。

だけど、登場する子どもの顔には、いっさい見覚えがない。

似ているだけの、別の家なのだろうか。

それとも、自分が生まれる前の古い映像とか……。

それほどアルコールに強くないNさんは、酔いのまわり始めた頭で、とりとめもなく考えた。

すると、縁側の一番奥で、ほかの子どもの陰になってラムネを飲んでいた男の子が、立ち上がってカメラに駆け寄った。

それは、幼いころのNさんだった。

えっ、と思ったところで、画面が暗くなって、お気づきだろうか、というようなナレーションが入った。

祠が映る少し前の場面がリプレイされて、「縁側の下から、不気味な男の顔がのぞいているのだ」とナレーションが続く。

たしかに、縁の下からお面のような白い顔が、じーっとこちらをにらんでいる。

だけど、それよりもNさんは、さっきの男の子の方が気になった。

あれは絶対に、自分の顔だった。

親戚の家は広かったので、親族の集まりがある時は、その家に集まって、子どもたちは庭で遊んでいたのを覚えている。

ただ、あの家なら自分といっしょにいるのは親戚の子どものはずなのに、誰ひとりとして見覚えがない。

だんだん酔いが醒めて、ぞわぞわとした気持ち悪さを感じてきたNさんは、自分と思われる子どもの姿と、庭全体が見渡せる画面を写真に撮ると、実家の父に送ってから、電話をかけた。

父は電話に出るなり、困惑した声で、

「なんだ、これは」

と言った。

見た感じでは、たしかに親戚の家だし、子どもも幼い頃のNさんに間違いない。

だけど、いっしょに遊んでいる子どもたちの誰ひとり、知った顔がいないのだ。

Nさんの記憶だけなら、幼かったので覚えていない、という可能性もあったが、父にも覚えがないとすると、わけが分からない。

たしかめようにも、親戚の家は十年前に火事で焼失していて、その時に家主も亡くなっている。

縁の下の白い顔が合成だったとしても、子どもの顔まで合成する必要はないだろう。

ビデオの制作会社に問い合わせるという手段もあるが、なんとなく深入りしてはいけないような気がして、Nさんはいまだに決心がつかずにいる。

やめといたらよかった

Iさんの友だちが自殺した。

三十歳を前にして飲食店を開業したが、売り上げが振るわず、借金がかさんだところに、結婚を考えていた彼女にも別れを告げられて、将来を悲観して発作的に首を吊ったらしい。

Iさんは悲しみにくれながら、通夜に参列した。

彼とは大学時代の同級生で、彼の下宿で四十八時間耐久麻雀に挑戦したり、雑誌で美味いと紹介されていたラーメンを食べるためだけに原付バイクで三時間も走ったりと、馬鹿なことばかりをしていた。

卒業後は仕事が忙しくて、あまり連絡を取っていなかったが、こんなことならもっと話を聞いてやるんだった――。

焼香台の前で、目を真っ赤にしながら、

「なんで死んだんや」

口の中で小さく呟いて、遺影で笑う友をにらむ。

すると、どこからか、

「やめといたらよかった」

とても悔しそうな声が聞こえてきた。

Ｉさんが、ハッとあたりを見回すと、焼香を待つ人の間にも、同じそぶりを見せる人がいる。

どうやらほかにも聞こえた人がいたようだ。

（ほんまやぞ）

Ｉさんはふたたび遺影の友に語りかけた。

（死ぬんやったら、なんで一言、相談してくれへんかったんや）

すると、もう一度、さっきよりもはっきりとした声が、会場内に響いた。

「自殺なんか、やめといたらよかった」

参列者のざわめきが大きくなる中、読経していたお坊さんがなだめることで、なんとかその場はおさまった。

すまんかった

通夜から帰ったIさんは、部屋の電気を点けようとして、どきっとした。

暗い部屋の真ん中に、友だちが立っているのが見える。

友だちは泣きそうな顔で、

「なんでとめてくれへんかったんや」

と言った。

その瞬間、Iさんの中で、何かがプチンと切れた。

「知らんがな！　とめてほしかったんやったら、なんでゆえへんねん！」

反射的に怒鳴ると、友だちは恨むような目をして、そのままスーッと消えていった。


その日の夜。

Iさんが寝苦しさに目を覚ますと、胸の上に誰かが裸足《はだし》で立っている。

見上げると、友だちが首を折って、こちらを見下ろしていた。

これは立ってるんじゃない。首を吊ってるんだ、と思ったけど、体が動かない。

しばらく唸《うな》っていると、友だちが悲しそうな顔で、

「すまんかったな……」

と言って、消えていった。


いまでもIさんは、命日には友だちの墓参りを欠かさない。

手

会社員のUさんは、出張で新宿のビジネスホテルに泊まっていた。

仕事が終わった後、学生時代の友人と久しぶりに飲んで、日付が変わる直前にホテルに戻ったUさんは、さっとシャワーを浴びると、電気を点けたままベッドに倒れこんで、

「うわっ」

と跳ね起きた。

シーツの下に、人がいるような感触があったのだ。

いつでも逃げ出せるよう、ドアの方にあとずさりながら様子をうかがったけれど、何も起きる様子はない。

おそるおそる近づいて、バッとシーツをはがしてみたが、そこには人はおろか、紙切れ一枚落ちていなかった。

安いベッドにいきおいよく倒れ込んだせいで、ベッドのスプリングか何かに当たった

のだろう――酔いにまかせて、適当な理屈をつけると、あらためてベッドに潜りこむ。

寒気を感じて、かけ布団を首元まで引き上げようとしたところで、おかしなことに気がついた。

布団の縁をつかんでいる手の数が、多い気がするのだ。

右から順番に、右手、右手、左手……。

「――っ！」

酔いと眠気にぼんやりとしていた頭が、一気に覚める。

ベッドから転がり落ちて、床に座り込んでいると、布団をつかんでいた、もうひとつの右手が、スーッと布団の中にひっこんだ。

さすがに今度は、布団をはがす気になれず、フロントに連絡すると、ホテル側は理由も聞かずに部屋をかえてくれた。

新しい部屋に通されて、

「ここは大丈夫ですよね」

と聞くと、ホテルのスタッフは無言でにっこり笑って一礼をしてから出ていった。

結局、Uさんは暖房を強めにかけて、シーツの上で眠ったそうだ。

もう一つの手は、自分のものよりも一回り小さく、子どもか女性の手のようだったということだ。

どこかにある

京都に住む作家のMさんから、こんな話を聞いた。

いまから二年前の春のこと。

彼は朝から鴨川《かもがわ》の河川敷を、もう何往復も歩き続けていた。

いま取りかかっている長編が、四分の三ほどすすんだところで完全に滞っていたのだ。

今日はその突破口となるアイデアを思いつくまで歩き続けるつもりだったが、体力の方が先に尽きてしまった。

(やっぱり運動不足やなあ……)

足腰のおとろえに苦笑しながら、橋のたもとにある石段を上がって、細い路地をぶらぶらと歩く。

そのうちに、小さな喫茶店が目に入ったので、Mさんは足を休めることにした。

町屋を改装したのか、店内は奥に細長い造りになっていて、入ってすぐのところにはテーブル席が、中ほどにはカウンターがある。

Mさんが通されたのは、一番奥にある本棚に囲まれたソファー席だった。

ひとりでこんないい席を使うのは悪いかな、と思ったが、ほかに客もいないし、混んできたら席を移ればいいだろうと、Mさんはサンドイッチとコーヒーを注文すると、本棚を見回した。

店主の趣味なのか、並んでいる本のほとんどが古い子ども向けの小説だ。

ジャンルはまちまちで、推理小説もあればSFもある。

お冷やを飲みながら、背表紙を目で追っていたMさんは、ある一冊の本に、思わず腰を浮かせた。

それは、児童向けに翻訳された海外のSF小説で、彼が小学生のころに学校の図書室で借りて、夢中で読んだ本だったのだ。

ちょうどそこに、店員がサンドイッチとコーヒーを運んできたので、

「ここにある本は、読んでもいいんですか？」

とたずねると、

「もちろんです。ご自由にどうぞ」

若い店員は、にっこり笑って、カウンターの中へと戻っていった。

Mさんはソファーに座りなおすと、本を開いた。

作者もタイトルも忘れていたが、読んだことははっきりと覚えている。

ここでばったり出会わなければ、きっと忘れたままになっていただろう。

Mさんは時間を忘れてその本を読んだ。

それは、自分たちが住んでいた星を侵略されて、辺境の惑星に逃げ延びた人々が、過酷な環境の中で生き残りながら、何代にもわたって少しずつ文明を発達させて、やがて故郷の星を取り戻すという、子ども向けとしてはわりあい地味な内容の小説だった。

それに、いま自分が書いている小説のジャンルとはまったく異なっている。

それでも、Mさんはページをめくりながら、子どもの頃に自分がこの本を読んでいた時の空気やにおいを思い出していた。

Mさんいわく、

「自分が本当に小説を楽しんでいた時の気持ちがよみがえってきた」

のだそうだ。

一気に読み終えたMさんは、本を閉じると、あらためて本棚を見直した。

すると、ほかにも何冊か、自分が子どもの頃に読んで、印象に残った本が並んでいるのを見つけることが出来た。

Mさんはコーヒーを何度もお代わりしながら、本を読み続けた。

Mさんが作家を志したのは、大学に入ってからのことで、子どものころは小説家という職業があることすら意識していなかった。

それでも、自分に小説の楽しさや奥深さを教えてくれたのは、子どものころに読んだこれらの本だったのだ。

気が付くと、ずいぶん時間は経ち、Mさんが店を出た時には、空は夕焼けで真っ赤に染まっていた。

その日の夜、Mさんはひさしぶりに原稿をすすめることができた。

新しいアイデアが浮かんだわけではない。

あいかわらず筆は詰まりがちだが、小説の面白さを思い出したことで、モチベーションがあがったのだ。

その後、再びあの店に行こうと、記憶にある路地を何度か歩いてみたけど、見つけることはできなかった。

後日、この話を酒席でしたところ、同じ体験をしたという人があらわれた。

その人はイラストレーターで、新しい仕事がなかなかうまくいかず、気分転換に京都のお寺や神社をめぐっていたところ、歩き疲れてふらっと入った路地裏の喫茶店で、昔よく読んでいた漫画を見つけたらしい。

その漫画は、友だちの家に遊びにいった時に、少しずつ読み進めたもので、いまとなってはその友だちの名前も覚えていないのだが、漫画を読んだ時の気持ちや、友だちと漫画について語り合った時の興奮を思い出すことで、スランプを脱したのだといった。

さらに詳しく聞くと、店のつくりや、鴨川沿いにあるという点も同じで、後日いこうとして、二度といけなかったところまでそっくりだった。

あれはまるで、子どもの頃の自分の、頭の中の本棚のようだった、とMさんは語った。

「あの店はきっと、いまもどこかにあるのだと思います」

どこか遠くを見つめるような目で、Mさんはそんな風に話をしめくくった。

平和の像

画家のBさんが、小学生の時の話。

家の近くに、お芝居や演奏会が催される、市立の文化ホールがあった。

そのホールの玄関前には、女の人の銅像が飾られていた。

右手を斜め上に伸ばした優雅なポーズで、その手の先には、一羽のハトがとまっている。

さらに女の人の足元にも、数羽のハトが集まっていた。

もちろん、ハトもすべて銅像である。

Bさんの通う小学校では、午後四時四十四分になると、このハトの数が変わるという噂があった。

ある日の放課後、その噂を検証するため、Bさんたちはホールの前に集まった。

誰かが持ってきた腕時計で、時間を確かめる。

十秒前になると、みんなでカウントダウンをして、その瞬間を待った。

しかし、当然のことながら、ハトの数は変わらないどころか、ピクリとも動かない。

なんだよ、とか、やっぱりな、と口々にぼやきながら、Bさんたちはホールをあとにした。


それから数日後。

小学生を千円でカットしてくれる美容院にいくため、自転車に乗っていたBさんは、丁度四時四十四分頃に、あの銅像の前を通ることに気が付いた。

予約は五時からで、少し余裕があったので、寄ってみることにする。

ホールに自転車を停めて、銅像の前で待っていると、どこからか一羽のハトが飛んできた。

そのハトは、像の足元にとまると、そのますーっと全身の色が変わって、あっという間に銅像になった。

え？

いま、飛んできたハトが銅像になったよな？

自分で見たものが信じられず、そのハトを触ってみるけど、硬くてひんやりとしている。

間違いなく、銅像だ。

それも、何年も前からここにあるみたいに、薄汚れている。

美容院にいった帰りに寄ってみると、ハトはまだその場所にあった。

その後、何度か同じ時刻に来てみたけれど、不思議なことが起こったのは、その一度きりだったということだ。

ぐるぐる

大阪市内の女子高に通うAさんは、夏休みを利用して、京都を訪れた。

大学受験まで、あと半年。

最近、成績がじりじりと下がってきているので、志望校を直接目に焼き付けて、気合いを入れようと思ったのだ。

電車を乗り継いで、憧れの大学の正門前までやって来たが、構内に入る勇気はない。

すぐに帰るのはもったいないので、大学の近くを散歩することにした。

もし合格出来たら、来年の春にはこの道を大学生として歩いているのかも——そう考えると、ただの街並みも特別なものに思えてくる。

正門を離れてしばらくすると、ふたまたに道が分かれて、一方の道の先に鳥居が見えた。

鳥居の奥は山道になっている。どうやら山の中に神社があるようだ。

せっかくだからお参りしていこうと、Aさんは鳥居をくぐって、木の板で補強された山道をのぼりはじめた。

道は思いのほか急で、密集している木々の枝葉に直射日光は遮られているけど、額に汗がにじんでくる。

途中で足を止めて、ペットボトルのお茶で水分補給をしていると、山肌にお地蔵さまが並んでいることに気が付いた。

赤い前掛けをした、高さ五十センチほどの小さなお地蔵様が三体と、マジックで顔を描いて、青や黄色の布を巻いた、テニスボールくらいの石が五つほど並んでいる。

両端には牛乳瓶に花が差してあって、宗教的なものというより、自然の中に設えた飾り棚のように感じられた。

花は瑞々しく、誰かがこまめに取り換えているのだろう。

もしかしたら、自分が目指している大学の学生かもしれないなと思いながら、Aさんは目を閉じて手を合わせると、お地蔵様をスマホで撮影して、ふたたび歩き出そうとした。

そこに、山の上から水色のポロシャツを着た年配の男性が、しっかりとした足取りで降りてきた。

「こんにちは」

男性が笑顔で声をかける。

「あ、こんにちは」

Aさんが慌ててあいさつを返すと、男性はもう一度、小さく会釈をして、通り過ぎていった。

ふたたび山道をのぼりはじめたAさんは、しばらく歩いたところで、足を止めた。

山肌に、さっきと同じようにお地蔵様が並んでいる。

顔を描いた石や、両横に花が飾られているところまでそっくりだ。

いや、そっくりというレベルではない。

お地蔵さまは三体あるし、石には青や黄色の布が巻かれている。

花の色にも覚えがあった。

もしかして、道に迷って同じところに出てきてしまったのだろうか、と思っていると、

「こんにちは」

水色のポロシャツを着た年配の男性が、山の上からあらわれて、そのままAさんのそばを通り抜けていった。

Aさんは返事も忘れて、呆然と男性の後ろ姿を見送った。

仮に道に迷って、同じところをぐるぐる回っていたとしても、同じ男性とすれ違ったことの説明はつかない。

それとも、お地蔵様も男性も、どちらもよく似ているだけで、偶然が続いたのだろうか——。

混乱したまま、ふたたび歩き出したAさんの前に、三度《みたび》、あのお地蔵さまがあらわれた。

赤い前掛けのお地蔵さまが三体、顔を描いた石には青と黄色の布、両端には牛乳瓶に花——。

はじめに撮った写真と見比べても、寸分の違いもない。

ザリッ、という音にハッと顔を上げると、水色のシャツを着た男性が降りてくるのが見えた。

とっさに顔をそむけたAさんが、そのまま振り返らずに山道を駆け下りると、あっという間に鳥居にたどりついた。

帰ってから、あの山の歴史を調べたが、自分の体験を説明してくれるような伝承は見つからなかった。

それでもあきらめずに調べ続けて、その後、無事志望校に合格したAさんは、大学で建築の勉強をしながら、京都の歴史を研究するサークルで青春を謳歌している。

桜吹雪

最近、創立百周年をむかえた、とある小学校の話。

その小学校の校庭には、立派な桜の木があって、毎年、入学式の直前には満開になり、新入生を桜吹雪で迎えるのが恒例になっていた。

ところが、ある年のこと。

桜の木が、病気にかかっていることが分かった。

判明した時には、もう手遅れの状態で、このままではいつ倒れるか分からない。

学校側も手を尽くしたが、児童の安全を考えると、そのままにしてはおけず、結局切られてしまった。

翌年の入学式。

新入生が次々と校門をくぐる光景を見ながら、校長先生が、桜がないことを残念に

思っていると、

ザーーーー

どこからか、大量の桜の花びらが飛んできて、校庭に降りそそいだ。

あとから分かったのだが、どうやら近くの川原にある桜並木から飛んできたらしい。

しかし、直線距離でも百メートル以上あって、自然に飛んでくる距離ではない。

その桜吹雪は、新入生が登校してくる間、ずっと降り続いて、講堂で式を終えてふたたび校庭に出て来た時には、すっかりやんでいたということだ。

引っ越し

スーツ姿の男性に、

「引っ越しを考えてるんですけど、良さそうな方角を見てもらえますか」

と言われて、ひさしぶりに、ちゃんとしたお客さんが来た、と占い師のＬさんが喜んでいると、

「部屋に幽霊が出るんです。幽霊が出ない部屋を教えてください」

と続いた。

思わずずっこけそうになりながら、なんとか気をとりなおして、Ｌさんは詳しい話を聞いた。


Ｋさんは二十代の男性で、大学を卒業してからもずっと学生時代と同じアパートに住

んでいたが、社会人三年目にして、ついに引っ越すことにした。

しかし、住み慣れた町は離れたくない。

そこで、大学の近くにあるワンルームマンションに引っ越したのだが、幽霊のたぐいは苦手なので、

「事故物件ではないですよね?」

と、不動産屋に何度も念を押した。

そして、安いのは築年数が古いのと、掃き出し窓に隣の建物が迫っていて日当たりが悪いせいだというので、安心して引っ越してきた。

ところが、住み始めて一か月ほどが経ったころから、部屋の中で誰かの視線を感じたり、人の声が聞こえるようになった。

ほかの部屋の声かと思っていたけど、ある夜などは、眠っていると、

「あけて。ねえ、あけて」

という女の声が、はっきりと聞こえてくる。

声は次第に大きくなり、夜だけではなく、家に帰った途端に聞こえるようになった。

ある時、ついに我慢できなくなって、Kさんは思い切ってドアを開けた。

しかし、そこには誰もいなかったし、声も続いている。

もしかして……。

Kさんの視線は、部屋の奥にある掃き出し窓に向けられた。

そういえば、平日は仕事、週末は遊びに出かけていて、引っ越してから一度もまともに開けていない。

カーテンを開いて、さらにすりガラスになった窓を開けると、すぐ目の前に隣の建物の窓がある。

その窓が全開になって、土気色をした女が立っていた。

女はKさんを見ると、ニィッと笑って言った。

「やっと開けてくれた」


「――すぐに部屋を飛び出して、その日はホテルに泊まりました」

ネットで検索すると、ちょうどKさんの部屋の向かいで、若い女が殺されていた。

不動産屋に怒鳴りこむと、

「隣の建物のことまで、責任もてませんよ」

と言われたそうだ。

「どこに引っ越せばいいと思いますか？」

泣きそうな顔で聞いてくるので、Ｌさんは普通に占って、運気があがりそうな方角を教えた。

その後、文句を言いにこないので、おそらくうまくいったのだろうと思っている。

衝動買い

鉄道会社を定年退職したUさんは、ある日、奥さんといっしょに山登りに出かけた。

その山は、地元では天狗《てんぐ》の伝説で有名らしく、運が良ければその姿を見ることができるといわれていた。

途中まで車でいって、ケーブルカーに乗り換え、最後は徒歩で山頂を目指す。

二時間ほど歩いたところで、山頂に到着して記念写真を撮っていると、急に濃い霧が出てきて、あっという間に前が見えなくなった。

しばらくその場にじっとしていると、一分ほどで霧が晴れ、Uさんが呆然と空を見上げている。

「どうしたの？」

奥さんが声をかけると、

「おれ、天狗を見たかもしれん」

Uさんはそう言って、黙り込んでしまった。


その日の帰り道。

車を運転していたUさんは、途中の交差点で、家とは反対方向に曲がった。

「どこにいくの？」

奥さんがたずねても、

「うん、ちょっと……」とはっきりしない。

やがて、車は山のふもとにある大きな石屋の駐車場に入っていった。

おどろく奥さんを置き去りにして、Uさんは並んでいる商品を見て回ると、高価な墓石を即決で購入した。

どうしてそんなものを買ったのかも、そもそもなぜそこに石屋があることを知っていたのかも分からない。

Uさんはただ「天狗のお告げがあったから」と言うだけだった。

Uさんが不慮の事故で亡くなる、二日前のことである。

ブランコ　Mくんの場合

イラストレーターのMくんから聞いた話である。

Mくんが小学二年生の時、ゲームの時間を守った守らなかったで、夕飯前に母親と大げんかをして、家を飛び出したことがあったらしい。

飛び出すといっても、そこはまだ小学二年生のことだから、遠くにいくのは心細い。だからといって、すぐに帰るのは悔しい気がして、結局、家から徒歩一分ほどのところにある、いつも遊んでいる公園に向かった。

季節は秋。

陽が沈むと一気に暗くなり、気温も下がる。

いつもは知った顔であふれている公園も、無人になると、まるで知らない場所のようだ。

Mくんは公園の入り口で足を止めて、家の方をじっと見ていたけど、母親が追いかけて来る様子はない。

泣きそうになるのをぐっとこらえて、公園のブランコに腰掛けた。

ギイ、ギイとチェーンのきしむ音を聞きながら、前後にこいでいると、いつの間にか隣のブランコに、見知らぬ女の子が座っていた。

女の子は、Mくんに笑いかけると、大きく揺れるブランコを止めることなく、器用に立ち上がって立ちこぎをはじめた。

それを見て、Mくんもチェーンをつかむ手に力をこめて、ブランコの上に立った。

Mくんは、立ちこぎには自信があった。

少なくとも、高さでは同じ学年の友だちに負けたことはない。

ところが、女の子の勢いはすごかった。

あっという間に、上のポールと同じ高さまで到達すると、次の瞬間、ぽーん、と空高く飛び上がって、そのまま消えてしまったのだ。

ガシャン、とチェーンが大きな音をたてて、ブランコが垂直に落ちてくる。

Mくんは怖いというより、
すごいものを見た！

と思って、公園を飛び出した。

そして、そのまま家に帰って、母親と、ちょうど帰ってきたばかりの父親に、いま見たものを報告した。

両親は信じてくれなかったが、そのおかげで、ゲームのことと、家出のことはうやむやになったらしい。

ブランコ　Sくんの場合

それから三年が経ち、五年生になったMくんは、同じクラスで仲良くなったSくんの家に遊びに来ていた。

昨夜、テレビでやっていた心霊番組から、怖かった体験を話す流れになって、Mくんが三年前の、消えた女の子の話をすると、

「それって、Mん家《ち》の近くの公園だよな？」

それなら自分にも、こんな体験があると、Sくんが話し始めた。

Sくんには、十歳近く歳の離れた妹がいる。

一年ほど前のこと。

まだ赤ちゃんだった妹がぐずついて、なかなか眠らないので、夜の散歩に出かけるというお母さんに、ついていったことがあった。

お母さんが妹をあやしているのを横目に見ながら、Sくんがブランコをこいでいると、いつの間にかとなりのブランコに女の子が座っていた。

女の子が、ニコッと笑って、立ちこぎを始める。

Sくんも、ブランコの上に立ち上がった。

女の子は、ぐんぐん高くこいでいく。

Sくんも、負けずにブランコをこぐ足に力をこめた。

夜風を切りながら、いままでこいだことのないような高さまで、ブランコが上がる。

それでも、女の子はもっと高くまでのぼっている。

負けたくない、と思って、さらに力を加えようとした時、

「S！」

妹を抱っこしたお母さんが、こちらに駆け寄ってくるのが見えた。

「もう遅いから、帰りましょ」

「はーい」

Sくんが返事をして、ブランコの上に座りなおしながら隣を見ると、女の子の姿はどこにもなく、ただブランコだけがゆらゆらと揺れていた。

生きていない

話が後半にさしかかったところで、Sくんのお母さんが、お菓子を持ってきてくれた。

お母さんは、神妙な顔をして話を聞いていたが、Sくんが話し終わると、

「あのときは……」

ぽつりと口を開いた。


抱っこ紐の中で、妹がようやく寝息をたてだしたので、そろそろ帰ろうとSくんの方を見ると、となりのブランコで、明らかに生きてない女の子が立ちこぎをしている。

あわてて声をかけながら駆け寄って、Sくんを手招きしたのだそうだ。

「どうして生きてないってわかったんですか？」

Mくんが不思議に思ってたずねると、お母さんはSくんの顔をチラッと見てから、かすれた声で答えた。

「首が直角に折れてたから……」

深夜の音楽室

Iさんが高校生の時の話。

彼が通っていた高校では、夜中の零時になると、音楽室からピアノの音が聞こえてくる、という噂があった。

ある日、同級生のYが、

「おれが真相をたしかめてやる」

と言い出した。

しかし、Iさんの通っていた学校は警備が厳重で、教職員が帰ってセキュリティのスイッチが入ると、ドアや窓ガラスが不審な揺れを感知しただけで、警備会社がとんでくるようになっている。

そこでYが考えた作戦は、

「学校から出ない」

というものだった。

ちょうど定期試験が近かったので、家の人には、

「友だちの家に泊まって試験勉強をする」

と告げて、食料と勉強道具とゲーム機を持ち込むと、夕方から音楽室に潜んだ。


次の日、学校は大騒ぎだった。

Yが夜中に音楽室の窓から飛び降りたのだ。

手と足を骨折していたが、幸いなことに、命に別状はなかった。

Iさんたちがお見舞いにいって、何があったのかと聞くと、Yは「覚えてない」とこたえた。

四階にある音楽室から飛び降りるほどなのだから、本当に覚えていないわけはないと思ったが、それ以上聞いて欲しくなさそうだったので、Iさんたちは、

「お大事にな」

とだけ告げて、病室をあとにした。

深夜の音楽室　その後

Yがあの夜のことについて、ようやく口を開いたのは、一年以上が経ってからのことだった。

大学受験も終わり、あとは卒業を待つだけとなって、Iさんたち仲のいい男子数人が、Yの家でお菓子とジュースを囲んで喋《しゃべ》っていると、

「なあ、Y。あの夜、なにがあったんだよ」

Iさんがそろそろいいだろうと、水を向けた。

「ああ、あれか」

Yは苦笑いをした。

「あの時は、まじで死ぬかと思ったよ」

みんな、ついに明かされるあの夜の話に、ぐっと身を乗り出す。

Yによると、誰もいない放課後の音楽室というのは、思っていた以上に不気味で、お

かげで試験勉強がかなりはかどったらしい。

やがて、暗くなると、パンとお茶でわびしい夕食をとって、零時になるのを待った。

腹がいっぱいで暗くて退屈という三重苦に、いつのまにか寝てしまったらしく、ハッと目が覚めると、あと数分で零時というところだった。

なんとなく床に正座をして、身構えていると、

「零時ぴったりに、ピアノが鳴ったんだ」

Yの台詞に、みんなは「おお」とどよめいた。

「鳴ったって、どんな風に鳴ったんだ？」

代表して、Iさんが聞く
「なんていうんだったかな。ほら、クラシックのいい感じの曲があるだろ」

「分かるかよ。なんて曲だよ」

「おれも曲の名前なんか知らねえよ。とにかく、あの曲が……」

そこまで話したところで、Yは唐突に黙った。

「おい、なんだよ」

Iさんが、Yの肩をつかんで冗談っぽく揺さぶると、

「聞こえないのか?」

Yが言った。

「なにが?」

「だから、この曲だよ。音楽室で聞こえてた曲だ」

「なんも聞こえないぞ」

ほかのみんなも、Iさんの言葉にうなずく。

しかし、Yは興奮した様子で、

「お前ら、ふざけんなよ」

と言った。

「だれか、仕込んできただろ」

「なに言ってんだよ」

Iさんは、少しイラッとしながら言った。

「なんの曲か知らないのに、仕込めるわけないだろ」

だいたい、曲が聞こえたこと自体、いま聞いたばっかりじゃねえか、と言うと、Yは真っ青になった。

そして、そのあとは、

「やっぱり、もう聞かないでくれ」

と言うばかりで、あの夜なにが起きたのか、これ以上、決して話そうとしなかった。

楽しいバーベキュー

学生時代にアウトドアにはまったDさんは、社会人になってからも休みの日になると、キャンプやバーベキューに出かけていた。

ある時、同じ会社の同僚たちと、バーベキューにいく機会があった。

その中に、部署は違うが同期入社の、Bさんという男性がいた。

Bさんは、初めて参加したアウトドアにすっかりはまってしまい、自分でも道具をそろえると、会社の人を誘って毎週のように山や川に出かけるようになった。

Dさんも、はじめのうちは付き合っていたのだが、そのうち、毎週末に加えて平日にも頻繁に休みを取るようになると、さすがについていけなくなった。

やがて、Bさんはアウトドアのために無断欠勤までするようになり、ついには会社を辞めてしまった。

しばらくしてから、Dさんはアウトドアグッズの店で、Bさんとばったり会った。

近況を聞くと、いまではほとんど毎日のように、山で過ごしているらしい。

最近はどこにいってるのかとたずねると、Bさんはいくつかの地名を答えた。

それを聞いて、Dさんはゾッとした。

自殺で有名な場所ばかりだったからだ。

これはやばいんじゃないかと思っていると、数日後、Bさんが山で首を吊って亡くなったと聞いた。

現場には、大勢でバーベキューをしたような跡が残っていたが、キャンプの道具はひとり分だけで、誰といっしょだったのかは分からなかったそうだ。

Hさんの話

公園を囲むようにして立っている桜の木は、青々とした葉を風に揺らしていた。

砂場では、お母さんに見守られながら、小さな子どもがスコップでせっせとバケツに砂を運んでいる。

学童保育の子どもたちが、遊具の間を走り回り、年配の夫婦が仲良く柴犬を散歩させていた。

緊急事態宣言がようやく解除された、平日の昼下がり。

天気がいいこともあって、書店で働いているHさんという女性から、小さな児童公園のベンチでお話をうかがった。

Hさんの勤務先は、商業ビルに入っている大手チェーンの書店で、本社はもともと、緊急事態宣言が出ても営業を続ける方針だったのだが、宣言の三日前、急遽二週間の休業に入ることを決定した。

それからは、嵐のような忙しさだった。

書店が扱う商品は、生鮮食品のように腐ったりはしないが、在庫がない本を版元に注文して取り寄せたりしているので、お客様にも版元にも休業の連絡をしないといけない。

それに加えて、宣言中は休みになる学校も多いので、子どものために本やドリルを買っておこうという親が次から次へとやってくる。

通常、早番と遅番にシフトが分かれているのだが、この三日間だけは、ほぼ全員がフル出勤していた。

そんな日々もようやく最終日になり、営業が終了したフロアで最後の確認をしていると、レジの電話が鳴った。

忙しすぎて、留守電に切り替えるのを忘れていたらしい。

時間外なので、取らなくてもいいのだが、明日から二週間の休業だ。さすがに出た方がいいだろうと、電話に出ると、

ザーーーザザーーー

テレビの砂嵐のような雑音が聞こえてきた。

電話機の調子が悪いのかと、しばらく我慢して聞いていると、雑音の向こうで、男の人が何かごにょごにょと言っているような気がする。

だけど、いくら耳をすませても、さっぱり分からないので、諦めて電話を切った。


その後、店長といっしょにシャッターを閉めて、家路に就く。

職場から家までは、歩いて十五分ほどの道のりだ。

明日から何をして過ごそうかと思いながら、信号を渡って路地に入ると、スマホに着信があった。

画面を見ると、さっきおかしな電話がかかってきた、職場の固定電話の番号が表示されている。

実は、これはありえない話だった。

Hさんの電話番号を知っているのは、職場では店長と仲のいい同僚だけで、二人とも自分のスマホに登録しているはずだし、店はシャッターが閉まっている。

考えられるのは、店長がわざわざシャッターを開けて店に戻り、自分のスマホに登録されている番号を見ながら、職場の固定電話を使ってかけてきた、という可能性ぐらいだが、そんなことをする理由がない。

しかし、その時はそこまで頭が回らず、Hさんは反射的に通話ボタンをタップした。すると、さっきと同じ「ザー」という雑音と、男のごにょごにょという話し声が聞こえてきたので、気持ち悪くなってすぐに切ったそうだ。


それから二週間以上が経つが、いまのところ、何もおかしなことは起こっていない、とHさんは話を締めて、その着信記録を見せてくれた。

「それって、結局なんだったんでしょう」

ぼくの質問に、Hさんは「さあ……」と首をひねった。

すごく怖いわけではないけど、なんだか気味の悪い話だな――そんな感想を抱きながら、なにげなく顔を正面に向けて、ぼくはハッとした。

さっきまで、あれだけにぎやかだった公園が、無人になっていたのだ。

砂場の子どもも、走り回っていた児童たちも、犬を散歩させていた夫婦も、いつの間にかいなくなっている。

それだけではない。音も風もやんで、まるで時が停まってしまったようだった。

おかしな気配を感じたのはHさんも同じだったらしく、となりで絶句しているのが分かる。

声を出すのも怖くて、そのまましばらく変化のない景色を眺めていると、とつぜん停まっていた時間が動き出したように、風が吹き、音が戻り、自転車に乗った子どもたちが公園にやってきた。

フーッと息を吐き出すと、Hさんも同じ動作をしていたので、顔を見合わせて苦笑いをした。

「いまって……」

ぼくがいうと、

「変でしたよね」

Hさんも複雑な表情で返す。

話の内容よりも、話が終わった後の雰囲気が怖かったですね、と言って、取材は終了した。

家が近くのHさんは、自転車に乗って帰っていった。

ぼくがそのままベンチに座って、スマホにいま聞いた話の要点をまとめていると、しばらくして、Hさんから写真とメッセージが届いた。

自転車の鍵と、勾玉のようなキーホルダー。二つをつないでいた赤い紐が、ばっさりとちぎれている。

メッセージによると、Hさんが家に着いて、鍵をかけた瞬間、キーホルダーの紐が切れたらしい。

その自転車はHさんが亡くなったお母さまから譲り受けたもので、キーホルダーはいまから数十年前に、どこかの神社で買ってきたものだそうだ。

実は、Hさんは以前から実話怪談の愛好家だったのだが、自身は体験したことがなく、これがはじめての「怪談っぽい体験」だった。

つまり、初めて体験した怪談を語って家に帰った途端、数十年間使ってきたキーホルダーの紐がちぎれたわけだ。

職場にかかってきた電話と、因果関係があるのかないのかも分からない話だが、なんとなく母が守ってくれたような気がする、とHさんは言った。

派手な事件が起きたわけではないが、お話をうかがった前後の状況もふくめて怪しかったので、これも怪談であろうと思い、ここに記す次第である。

看板

そのHさんから、別の機会に聞いた話。

Hさんが中学生の時、午後の授業を受けていると、窓際の席に座っていたFくんが、突然「わっ！」と叫んで立ち上がった。

どうした、と教師に聞かれ、窓の外を指さす。

外を見ていたら、遠くにあるボウリング場のビルの上に載っていた、大きなピンの形をした看板が、落下したというのだ。

授業中にもかかわらず、みんなが窓に集まった。

事実なら危険きわまりないが、どうすることもできず、その日の授業は終わり、Hさんも家に帰った。

次の日の朝、Hさんが新聞を開くと、たしかに記事は載っていた。

しかし、時間はたしかにFくんが叫んだ時で、場所もボウリング場のあたりだが、それは女性がビルの屋上から飛び降り自殺をしたという記事だった。

登校すると、みんなはその話題でもちきりだった。

みんな、Ｆくんが人と看板を見間違えたのだろうと言ったが、Ｆくんは絶対に、あれはボウリングのピンだった、とゆずらない。

たしかに、そのボウリング場までの距離を考えると、屋上から人が飛び降りたとしても、気づくのは難しい。

だったら、その時間と場所の一致はなんなんだ――そんな話をしていると、誰かが、

「そんな看板あったか？」

と言い出した。

あらためて言われてみると、ボウリング場は覚えがあるけど、看板の記憶ははっきりしない。

その日の放課後、Ｆさんを含めた何人かが、現場を特定しようと向かったが、ボウリング場は廃業して、跡地だけが残っていたそうだ。

ベル

歯科衛生士のPさんは、仕事を終えて部屋に帰ると、リビングに座り込んで大きなため息をついた。

いつまでもこんなことでは良くないと思うのだが、どうしても立ち直れそうにない。

電気も点けずに、暗い部屋の真ん中で、ふとすると溢れそうになる涙をこらえていると、

チーン

ベルの音が鳴って、Pさんはハッと顔をあげた。

先週亡くなった愛猫のニアが、えさが欲しい時に鳴らしていたベルだ。

処分できず、キッチンの床に置いたままになっている。

いまのはきっと、いつまでも落ち込んでいるPさんを心配して、天国のニアがはげま

してくれたのに違いない。

「そうだね。しっかりしなきゃね」

Pさんは、両手を握りしめて呟いた。

ありがとう、ニア。

Pさんがキッチンを振り返ると、そこには見たことのない中年の男性が、まるで猫のようにうずくまって、ニヤニヤ笑いながらベルを鳴らしていた。

Pさんはその日のうちに、猫に関連したものをすべて処分して、いまはペット不可のマンションを探している。

しおり

フリーライターのMさんが、古本屋で怪談本を買うと、中から仏様が出てきた。

もちろん、仏像が入っていたわけではない。

どうやら、絵葉書の写真を仏像の形にそって切り抜いて、しおりにしたもののようだ。

大胆なことをする人がいるもんだと思いながら、なにげなく裏を向けて、Mさんはおどろいた。

そこに自分の名前が書かれていたのだ。

つまり、これは誰かがMさん宛に出した絵葉書の、裏の仏像部分ということになる。

だけど、こんな写真の絵葉書をもらった覚えはなかったし、そもそも自分宛ての葉書なら、Mさんの手元にあるはずだ。

考えられるのは、誰かが自分に絵葉書を送ろうとして宛名を書いたけど、書き損じたか、気が変わったので、切り取ってしおりにしたという可能性だが……。

「なんとなく気持ち悪くて、まだ捨てられずにいるんです」

そう言って、Mさんはそのしおりを見せてくれた。

腕が六本に顔が二面の阿修羅像を、とてもていねいに切り抜いていた。

補助椅子

主婦のCさんが、補助椅子のついた電動アシスト自転車で、信号待ちをしていると、

「ねえねえ」

舌足らずな声とともに、背中を叩く感触がする。

「なに？」

と返事をしてから、サッと血の気が引いた。

娘を幼稚園に送り届けてから、スーパーに向かっているつもりだったのだが、もしかしたら献立を考えるのに夢中になりすぎて、幼稚園にいくのを忘れていたのだろうか。

おそるおそる振り返ると、補助椅子には年中の娘と同い年くらいの見知らぬ男の子が、ニコニコと笑って座っていた。

え？　と思っていると、男の子は、

「ありがとう」

と言って、ぴょんと飛び降りた。

そして、そのまま車道に飛び出していった。

「危ない！」

Cさんは思わず叫んだが、男の子はびゅんびゅんと行きかう車に当たることなく、向こう側にわたると、そのままどこかに走り去っていった。

Cさんの背中には、その時に叩かれた感触が、しばらく残っていたということだ。

買い物

別の日に、Cさんが晩御飯を何にしようかと考えながら、スーパーでうろうろしていると、精肉コーナーの前で、近所の田中さんを見かけた。

田中さんは、Cさんよりも二回りほど年上の主婦で、去年の夏に病で倒れ、今年の春に亡くなった。

生前はこのスーパーで、よく顔を合わせて、献立の相談をしていた。

死んでからも献立で頭を悩ませるんだと思うと、Cさんは悲しいような、少し笑ってしまうような、なんともいえない複雑な気持ちになった。

ほかの買い物客が、田中さんの体を次々と通り抜けていく。

顔見知りの自分が近づいたら、普通に話しかけられそうな気がして、少し怖くなったので、Cさんはそっと引き返して店を出ると、その日は少し離れたところにある、別のスーパーで買い物をすませたそうだ。

発表会

Cさんの娘さんが通う幼稚園には、クリスマス会に男の子の幽霊が現れる、という噂があった。

その子は、数年前に左折する車に巻き込まれて亡くなった子で、クリスマス会に出るのをすごく楽しみにしていたのだそうだ。

Cさんは、同じマンションに住むママ友に、お姉ちゃんが幼稚園に通っていた時の、クリスマス会の様子を撮影したビデオを見せてもらったことがある。

カスタネットや鍵盤ハーモニカを手に、いっしょうけんめい演奏している園児たちの後ろで、男の子が元気に走り回っていた。

それは、この間「ねえねえ」と背中を叩いた、あの男の子だった。

その年のクリスマス会が終わり、娘の手を引いて帰ろうとすると、誰かが園長先生に

「今年は出ませんでしたね」と話しているのが耳に入った。

成仏したのかもしれませんね、と園長先生は答えていたが、Cさんは、自分が自転車に乗せて連れ出したのかもしれない、と思っている。

肝試し

占い師のLさんが店を開けると、待ち構えていたように、男子学生のJ君が飛び込んできた。

肝試しにいったので、みて欲しいという。

「みてほしいって、わたしは医者でも拝み屋でもないんやけどな……」

ぶつぶつ言いながらも、とりあえず話を促《うなが》した。

昨夜のこと。

J君は同じゼミのY君に誘われて、再生回数が伸びそうな動画を撮るために、男四人で心霊スポットへと出かけた。

目的地は、戦争の時に病院として使われていたという古い建物だったが、コインパーキングに車を停めて、近くをいくら歩いても、それらしい廃墟は見つからない。

そのうちにY君が、情報が古くて、もうないのかもしれないと言い出した。

調べてみると、やはり取り壊されて、集合住宅になっていた。

「まじかよ」「おかしいと思った」「腹減った。ラーメン食いたい」

みんな口々に文句を言いながらも、せっかくここまで来て、ただ帰るのもばからしいので、何か撮れ高のある場所はないかと歩き回っていると、廃屋っぽい建物を見つけた。

一見、ごく普通の一軒家なのだが、なんだか不気味な感じがする。

Y君が「すいませーん」と声をかけながらインターホンを押すが、線がつながっていないのか、家の中からチャイムの音は聞こえてこなかった。

「ここでええんとちゃうか？」「不法侵入はやばいやろ」「大丈夫やって」

などと言い合いながら、結局全員で中に入って撮影していると、一番上の三階に、大量の人形が並んだ部屋を見つけた。

気持ち悪いな、と思いながらも、J君が部屋の様子を撮っていると、
ピンポーン

階下から、さっきは鳴らなかったはずの、チャイムの音が聞こえてきた。

みんなの顔がこわばる。

「だ、誰かのいたずらやろ」

Y君がそう言った時、

ドンドンドンドンドン！


玄関のドアを激しく叩く音がした。

「こらあかん」「やばい」「帰るぞ」「待って」

争うようにして、狭い階段を駆け下りる。

家を出て、門の前で息を切らしていると、

「あれ？　Yは？」

J君が、Y君がいないことに気が付いた。

置いて帰ってもいいのだが、車のキーはY君が持っている。

仕方なく、三人で固まるようにして家の中に戻ると、Y君は三階のもうひとつの部屋で、女の子の人形を手にして、はさみでジョキジョキとその髪を切っていた。

「なにしてるんや」「ほら、立て」「帰るぞ」「待って」

Y君を引きずるようにしながら家を出て、J君の運転で大学の前まで戻ると、大学に一番近いJ君の部屋で、朝まで過ごした。

「これが、その人形なんですけど」

J君はそう言って、髪の毛がギザギザになった女の子の人形を見せた。

人形も不気味だったけれど、それよりLさんは、話の合間に見せられた動画の方が気になっていた。

チャイムの音も、ドアを叩く音も、はっきりと残ってはいるけど、説明がつけられないわけではない。

それよりも、J君たちの会話に、時折小さな女の子のような声が混じっている気がしたのだ。

「そこって、どんな家やったん？」

Lさんがたずねると、J君はちょっと考えてから、「普通の家でした」と答えた。

「裏が墓地なんは、ちょっと気になりましたけど。あ、あと、帰る時に気づいたんですけど、三階建ての家が、二つ並んで建ってて、どっちにも人は住んでないみたいでした」

J君は身を乗り出すと、

「Yが下宿から出てこなくなってしまったんです。ぼくはどうしたらいいでしょう？」

と聞いた。

知らんがな、と思いながら、Lさんがどうやって追い返そうかと考えていると、

ドンドンドンドンドン！


ドアを激しく叩く音がした。

Lさんがおそるおそるドアを開けると、そこには人の姿はなく、長い髪がきれいな着せ替え人形が落ちていた。

Lさんは、真っ青になるJ君に、二体の人形を押し付けると、

「はよ帰って、その子の親御さんに連絡しい。絶対にここに連れてきたらあかんで」

と告げて、相談料を取らずに追い出した。

その後、どうなったか知らないし、知りたくもない、とLさんは話を締めた。

折り鶴

　Fさんが中学生の時というから、いまから四十年ほど前の話になる。

　同じクラスの女の子が、学校の近くにある歩道橋の階段から転げ落ちて、足を骨折した。

　担任は、大学を出たばかりの若い女の先生で、入院することになった彼女の回復を願って、クラスのみんなで千羽鶴を贈ろうと呼びかけた。

　しかし、クラスのみんなは知っていた。

　彼女はただ落ちたのではなく、同じクラスのLという女子と、その取り巻きに追いかけられて、足を踏み外したのだ。

　直接突き飛ばしたわけではないけど、Lたちのせいなのはみんな分かっていたし、学校に来たらまたいじめられるだけなので、彼女が早く回復したいとは思っていないだろう、ということにも気づいていた。

　しかし、Lが率先して鶴を折ろうと呼びかけたこともあって、誰も本当のことを言い出せなかった。

その日の放課後から、有志が残って鶴を折ることになった。

Lは先生の姿がなくなると、さっさと帰っていく。

結局、クラス委員とその友だちが鶴を折って、教室の後ろにあるロッカーに入れて帰った。

ところが翌朝、ロッカーを開けると、鶴はぐしゃぐしゃに潰されていた。

Fさんははじめ、Lがやったのかと思ったけど、よく考えたら、そんなことをする必要はない。

むしろLなら、完成した千羽鶴を持って、お見舞いにいくと言い出すだろう。

その日の放課後は、完成した鶴を職員室にいる先生のところまで持っていった。

先生はFさんたちの目の前で、鍵のかかる引き出しに鶴を入れて、「これで大丈夫」と言っていたが、翌日になって、急に千羽鶴の中止を告げた。

偶然職員室で目撃した生徒の話によると、先生が引き出しを開けると、鶴がびりびりに破られていたらしい。

結局、クラス委員とFさんが、先生からあずかったお金で花を買ってお見舞いにいくと、彼女はベッドの上に体を起こして、熱心に鶴を折っていた。

そして、Fさんたちが何か聞くよりも先に、

「千羽鶴をつくってるの」

と言って笑った。

Fさんは、ふと足元を見て、ぞっとした。

ベッドの下の段ボール箱に、赤い折り鶴が大量に詰まっている。

花を渡して、早く良くなってね、と言うと、Fさんたちは逃げるように、病室をあとにした。

三日後。Lが歩道橋から落ちた。

それも、階段を転げ落ちたわけではなく、手すりから身を乗り出して、車道に落ちたのだ。

さいわい、車の少ない時間帯だったので、一命はとりとめたものの、入院して、そのまま転校していった。

その後、女の子は退院して、クラスに復帰したが、学年の終わりが近づいたある日、Fさんに、

「わたし、転校するの」

と告げた。

「え？　そうなの？」

退院してから、よく喋るようになったので、残念だな、と思いながら、

「どこへ？」

と聞くと、女の子は、ある中学校の名前を口にした。

Fさんは絶句した。

それは、Lの転校先だったのだ。

Fさんが言葉を失っていると、

「わたし、まだ許してないんだ」

女の子は、そう言って笑ったということだ。

ほんとはいる

保険会社の調査員をしているBさんは、家を出る時、電気や火の元を念入りに確認する。

それは、こんなことがあったからだという。


ある寒い冬の日の朝。

支度を済ませて部屋を出たBさんは、玄関の鍵をかけた瞬間、エアコンを消したかどうかが気になった。

電車の時間が迫っていたが、このままでは一日中、もやもやしてしまう。

いったんひねった鍵を、そのまま反対側にひねってドアを開けると――。


部屋の真ん中に、女が立っていた。

女はハッと振り返ると、見つかってしまった、という顔をして、スッと消えた。

Bさんは、しばらくそのまま立ち尽くしていたが、やがてそっとドアを閉めると、鍵をかけなおして仕事に向かった。


その日の夜。

部屋に帰ってきたBさんは、カチャッとなるべく大きな音をたてて鍵をあけると、ノブをつかんで、何度かガチャガチャと回してから、ドアを開けた。

いまから部屋に入るぞというアピールだ。

ドアを開けて、中をのぞくと、エアコンは点いたままだったが、女はいなかった。

事情があって、簡単に引っ越すわけにはいかないBさんは、それ以来、家を出入りする時にはなるべく大きな音を立てるように気をつかっている。

怪談番組

Lさんは、週末の夜、彼氏に手料理をふるまっていた。

食事が終わって、洗い物をしていると、

「あ、ここ、おれの地元」

という声が聞こえた。

洗い物を手早くすませて、彼のとなりに腰をおろすと、テレビで真夏の怪談特集をやっていた。

いかにも何かが出そうな暗いトンネルの前で、最近漫才の大会で準優勝した芸人コンビと、若い女性タレントが、ヘルメットをかぶって立っている。

どうやら、九州の有名な心霊スポットらしい。

そういえば、彼は九州出身と言っていた。通っていた高校が、このトンネルの近所だったそうだ。

カメラはトンネルに入っていく三人の後ろ姿を、離れたところからついていった。

時折、きゃー、とか、わー、という悲鳴があがって、ヘルメットにつけられたカメラが三人の表情をうつすけど、特に何かが起こるわけでもなく、三人はトンネルから戻ってきた。

芸人は、「もう絶対に嫌や」「こんなん、しゃれならん」と怒っているし、タレントは顔をぐしゃぐしゃにして泣いている。

最後に、トンネルで撮った写真がスタジオで公開されると、小さな光の玉がいくつか浮かんでいた。

あんまり怖くないなあ、と思いながら隣を見ると、彼氏が真っ青な顔で、がたがたと震えている。

「え、ちょっと、どうしたん？」

Lさんがおどろいて声をかけると、

「ごめん。おれ、帰るわ」

彼氏はそう言って、逃げるように部屋を出ていった。

何がそんなに怖かったのだろうとは思ったが、元々彼の意味不明な行動には慣れていたLさんは、あまり気にせずにテーブルの上を片付けた。

翌日、Lさんの部屋を訪ねてきた彼氏が、とつぜん「別れてくれ」と切り出した。

Lさんは、別れを切り出したことよりも、彼氏が頭をそりあげてきたことにおどろいていた。

「別れるのはええけど、ちゃんと理由を説明して」

Lさんは、いままでにも彼氏と二度別れている。

どちらも彼氏からの申し出で、一度目は彼氏が自分探しの旅に出るため、二度目はミュージシャンを目指すためだった（彼氏の中では、ミュージシャンは孤独じゃないといい曲がつくれないらしい）。

そして、これが三度目だ。

どんな馬鹿馬鹿しい理由だろうと期待するLさんに、彼氏は、

「実家に戻って出家する」

と言った。

彼氏の思考回路は、それほど複雑ではない。

昨日のテレビが原因かと聞くと、彼氏は神妙な顔で口を開いた。

高校生の時の話。

彼氏は数人の同級生といっしょに、あのトンネルに肝試しにいって、何か不敬なことをしたらしい。

具体的な内容については、決して口を割らなかったが、どうせ下品なことだろうとLさんは想像した。

そのことと関連があるのかどうかは分からないが、後日、いっしょにいった友達が命にかかわるような大怪我をしているのだと彼氏は言った。

そして、昨日。

Lさんには見えなかったが、彼氏には白装束を着た女の幽霊の姿が、トンネルの奥からこちらに向かって走ってくるのが見えたらしく、しかもその幽霊が、

「見つけたぞ」

と言ったので、恐ろしくなって帰った。

そして、一晩考えた末、地元に戻ってあの幽霊を鎮《しず》めるために、仏道に入ることを決

心したのだと、真剣な顔で言った。

「分かった」

話を聞いて、Ｌさんも真面目な顔でうなずいた。

「いっといで」

「悪いな。おれのことは気にせず、幸せになってくれ」

彼氏はそう言い残すと、バイトを辞めて、三日後には実家に帰っていった。

現在、彼氏は実家の知り合いのお寺で、下働きのようなことをしているらしい。

Ｌさんは、彼氏と共通の友人と賭けをしていて、友人は半年、Ｌさんは一か月で戻ってくる方に賭けている。

父

Aさんの父は、最低の人間だった。

給料はろくに家に入れず、女と賭け事に使ってしまう。

金がなくなると、家の財布を漁《あさ》り、それでも足りなければ、妻を殴って憂さ晴らしをする始末だ。

そんな父は、Aさんが五歳の時に、借金を残して家を出ていった。

借金を返さなければ、いま住んでいる家を追い出される。母は懸命に働いた。

そんな母の姿を、幼いころから見続けてきたAさんは、中学を出たら働きに出るつもりだったが、母の強い勧めで高校まで進み、卒業後は地元の金属加工の工場に就職した。

仕事は忙しかったけれど、給料は悪くなかったので、Aさんの家はようやく一息つくことができた。

やがて、Aさんは職場で知り合った女性と結婚した。

結婚式の相談をしている時、Aさんは初めて、母が父と連絡をとっていることを知った。

父を式に呼んでもいいかと聞かれ、悩んだ末に、断った。

父が結婚式に来たがっているのなら、それを許さないことが、少しでも復讐になると思った。


結婚した翌年には娘が、その二年後には息子が生まれた。

子どもは可愛かった。宝だった。

自分は決して、父のようにはならないでおこうと思った。


子どもたちはすくすくと成長し、二人とも小学生になった。

ある日、娘が事故にあった。

自転車で走っていて、信号のない交差点で車と衝突したのだ。

Aさんは仕事中に連絡を受けた。

頭を強く打っていて、予断を許さない状況だと言われた。

子どものころから、この世に神様はいないのかと思っていたAさんだったが、生まれて初めて神に祈った。

（どうか娘を助けてください）

いてもたってもいられなくなって、近所の神社に向かうと、靴を脱いで裸足になり、百度石との間を何度も往復した。

まわりの人が奇異の目でみるのも、気にならなかった。

娘が助かれば、なんでもいい。自分の命が絶えてもいいとさえ思った。

何度も手を合わせ、百度石に額をこすりつけていると、スマホが振動した。

妻からの、娘が一命をとりとめたという連絡だった。

その場に頽《くずお》れて泣いていると、今度は母から連絡が入った。

そうだ、母にも娘が助かったことを早く伝えなければと思い、電話に出ると、父が死んだ、と聞かされた。

父は、自分が住んでいるアパートの裏の寺にある百度石の前で、胸をかきむしって死んでいたらしい。

死因は心臓で、長年の不摂生で体が弱っていたのだろう、ということになったが、Aさんには分かっていた。

遺体と対面した時に目にした、額のすり傷。
母から事故のことを聞いた父は、孫のために自分の命を差し出したのだ。
ほとんど家具のないアパートの部屋には、男の子と女の子のおもちゃが残されていた。
まだ許せるとは言い切れない。
だけど、毎年命日には、母と妻、そして子どもたちを連れて、墓参りに出かけている。

旅館の女

Gさんという二十代の独身の男性が、仕事で日本海側にある小さな町の旅館に泊まった時の話。

通されたのは、海の音が遠くに聞こえる八畳ほどの和室で、真ん中に布団が敷いてあり、部屋の隅に置かれた鏡台には、紫の布がかけてあった。

なんだか気味が悪かったので、布団を鏡台から少し離して、背中を向けて眠っていると、背後でスルスルスルと布が落ちる音がした。

「ねえ……ねえ……」

女性の声に振り返ると、和服姿の色の白い女性が、布団のそばに座って、Gさんに手をかざしている。

いや、かざしているのではない。撫でているのだが、透けているので感触がないのだ。

Gさんは頭から布団をかぶって、震えながらお経を唱えた。

気が付くと、朝だった。

朝食を食べながら、昨夜の話をすると、

「そうですか」

旅館の主人は、なぜか嬉しそうに笑って、文句を言ったつもりのGさんは拍子抜けをした。

奥さんもにこにこと笑いながら、

「よかったら、あの鏡台をもらってくれませんか？」

と言う。

「え、いや、ぼくは……」

Gさんがとまどっていると、主人が身を乗り出した。

「せめて、もう一晩泊まってやってください。お代はけっこうですから。あ、昨夜の宿泊もただにします」

「いや、でも、宿泊代は会社の経費で落ちるので……」

わけの分からない返事をしながら、逃げるように宿を出た。

それ以来、年に何度か、誘いの葉書が来る。

それは時候の挨拶に始まって、宿の近況報告が続き、最後に決まって、

「あの子も待っています」

と結ばれている。

絶対にいかないつもりだったが、最近、一度くらい行ってもいいかな、と思うようになってきた。

彼岸村

Rさんのおじいさんは、西日本のとある地方の山深い村で暮らしている。

Rさんによると、現在、その村に住んでいる年配の男性は、彼女のおじいさんだけらしい。

もう百歳近いので、村で最年長であることに不思議はないのだが、それ以前に、いわゆるおじいさんと呼ばれる年代の男性が、ほかにいないのだそうだ。

どういうことかとたずねると、

「おじいちゃんが住んでる村は、男の人が早死にするんです」

Rさんはそう言って、こんな話を聞かせてくれた。


話は太平洋戦争の時代にまでさかのぼる。

昭和二十年頃のこと。

ある日、とつぜん軍の偉い人が村にやって来て、若い男性を集めると、朝鮮半島に向かう船に乗ることを命じた。

朝鮮半島で何かをするのか、それとも、そこからさらに移動する予定だったのかは分からない。

とにかく、拒否することも、理由を詮索することも禁じられたまま、二十人以上の男たちが連れていかれて、どこかの港町から出港した。

男たちは帰ってこなかった。

何かの攻撃を受けたのか、嵐などの自然現象だったのか、それも分からない。

遺体の捜索も行われず、村にはただ「船が沈んだ」という情報だけが伝えられた。

生きて帰って来たのは、Rさんのおじいさんだけだった。

当時、二十歳そこそこだったおじいさんは、軍の人に「お前は司令部に来い」と言われて陸に残ったため、助かったらしい。

村は深い悲しみに沈んだが、落ち込んでばかりもいられなかった。

数か月後、終戦をむかえると、残った者たちだけで、新しい時代を生きていかなくてはならなくなったのだ。

二十代から三十代にかけての、働き盛りの男たちがごっそりと抜けてしまったため、生活は大変だったが、それでも女性と、船に乗らなかった男たち――船に乗った者の父親や祖父、弟や息子たち――が力を合わせて、村は少しづつ賑わいを取り戻していった。


奇妙な事故が起こり始めたのは、戦争が終わってから数年後のことだった。

真夜中、あるひとりの男性が、突然家を飛び出したきり帰ってこなかった。

二十歳を少し過ぎたところで、Rさんのおじいさんをのぞけば、村の若い男性の中では最年長だった。

朝になって家族が探すと、どういうわけか水を張った田んぼに顔をつっこんで、溺れ死んでいるところを発見された。

水を張ったといっても、足首が浸《つ》かるほどで、大人が溺れるような深さではない。

酒を飲んでいたわけでもなく、外傷もなかったので、何か発作でも起こしたのだろうということになったが、どうしてそんな時間に田んぼにいったのかは謎のままだった。

その数年後、今度は別の若者が、川で溺れ死んだ。

友人たちと川遊びをしていて、気が付くとうつぶせに浮かんでいたのだ。

村で一番泳ぎが達者な男だった。

増水して流れが速くなっていたわけでもなく、どうやったらこんな穏やかな川で溺れることができるのか、不思議なほどだった。

村人の中には、もしかしたら船で死んだ男たちが呼んでいるのではないか、とささやく者もいた。

二人とも水で死んでいる上に、兄をあの船で亡くしているからだ。

しかし、家族がそれを否定した。

あれほど兄弟仲が良かったのに、そんなひっぱるようなことをするはずがない、というのだ。

それでも、村には何かもやもやしたものが残った。

それ以来、あの船で男を亡くした家では、なんとなく水に気をつけるようになった。

ある年の冬、みんなで焚き火に当たっていると、ひとりの男のところに火の粉が飛んだ。火の粉は男が巻いていたマフラーに引火すると、あっという間に燃え上がり、男は火だるまになって焼け死んだ。

さらにその半年後、建築現場で組み上げていた骨組みがとつぜん崩れて、若い職人が木材の下敷きになって亡くなった。

どちらの家も、船で長兄を失っていた。

水死ではなかったが、焼死に圧死と、なんとなく戦争を連想させるような死に方だった。

さらに、そのころになると、別の噂もささやかれるようになっていた。

亡くなった男たちの年齢が、ちょうど兄が船で命を落としたと思われる年齢と、同じだったのだ。

船で家族を失った家の男は、その家族の年齢を超えられないのではないか——みんな、口には出さなかったが、そんなことを思っていた。

戦争が終わって、十年以上が経っても、男の早死には続いていた。

このころになると、村を出ていく若い男も増えてきた。

はじめは偶然だろうと笑っていた者も、兄の年齢を超えられずに死んでいく者が、五人、十人と続くと、さすがに笑えなくなっていった。

ある男は、屋根をなおそうとして梯子《はしご》に上ったところ、梯子がとつぜん真っ二つに折れて、転落死した。

また、ある男は、お寺の石段を転げ落ちて亡くなった。

ただでさえ、高度経済成長の波に乗って、村から都会へと出ていく若者が多かった時代だ。

村からは、若い男の姿が減っていった。

終戦から二十年が経つと、船で亡くなった男の息子たちが、父親の年齢に近づいてきた。

ある男は、家族や友人から、

「お前も村を出たらどうか」

と勧められたが、

「ばかなことをいうな。父ちゃんが、おれをあの世に連れて行くわけないやろ」

と笑い飛ばしていた。

そして、父と同じ年齢になった時には、噂を見返すように、誕生日を盛大に祝った。


その日の夜。

風呂で溺れかけているところを、家人に助けられた。

本人には、何かの発作を起こしたり、苦しくなったという記憶はなく、いつの間にかお湯の中に沈んでいたらしい。

男は翌日、逃げるように村を出ていった。


それ以来、年頃の息子たちも村を出ていくようになった。


やがて、船に乗った男たちの父や祖父――つまり、すでにその年齢を超えていた男たちが、亡くなっていった。

死因に不審な点はなく、高齢による自然死である。

その年齢も、自然の暮らしが体にいい影響を与えたのか、全国平均よりも高いくらいだった。

村を出ていった男たちは、みんな元気に暮らしていた。

結婚した者も多く、孫の顔を見せるために時折村を訪れるが、泊まることなく、その日のうちに帰っていく。

村の男は長生きできないが、村に住んでいなければ、特に問題はない。

条件に該当する家の男は、みんな亡くなるか、村を出ていった。

該当しない家——父や兄がすでに亡くなっていたり、兵隊にとられていたため、船に乗らなかった家の男の子も、噂をおそれて、ある程度の年齢になると村を出ていった。

「それじゃあ、村には男の人がほとんどいないんですか?」

と聞くと、

「それが、最近は増えてるみたいです」

Ｒさんは複雑な表情で答えた。
空き家が多く、土地も安いため、田舎暮らしにあこがれた移住者が増えているらしい。
いまのところは、何も起きてない。
ただ、中には若い夫婦や、男の子がいる家もあるので、何も知らないその人たちに、
このことを伝えるかどうか、村の人たちは悩んでいるそうだ。

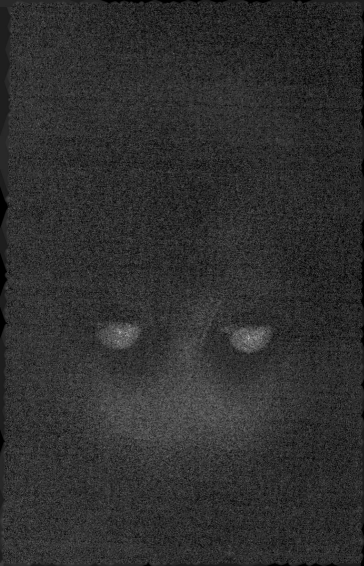

★読者アンケートのお願い

本書のご感想をお寄せください。アンケートをお寄せいただきました方から抽選で10名様に図書カードを差し上げます。
（締切：2023年4月30日まで）

応募フォームはこちら

萬屋怪談録　彼岸村

2023年4月5日　初版第1刷発行

著者……………………………………………………………… 緑川聖司
デザイン・DTP …………………………………… 荻窪裕司（design clopper）
企画・編集 …………………………………………………… Studio DARA

発行人………………………………………………………… 後藤明信
発行所……………………………………………………… 株式会社 竹書房
〒102-0075　東京都千代田区三番町８－１　三番町東急ビル６F
email：info@takeshobo.co.jp
http：//www.takeshobo.co.jp
印刷所………………………………………………… 中央精版印刷株式会社